アフェクティブ・クォリティ

感情経験を提供する商品・サービス

(社)日本品質管理学会 監修
梅室 博行 著

日本規格協会

JSQC選書
JAPANESE SOCIETY FOR
QUALITY CONTROL
6

JSQC 選書刊行特別委員会
(50音順,敬称略,所属は発行時)

委員長	飯塚　悦功	東京大学大学院工学系研究科
委　員	岩崎日出男	近畿大学理工学部機械工学科
	圓川　隆夫	東京工業大学大学院社会理工学研究科
	長田　　洋	東京工業大学大学院イノベーションマネジメント研究科
	久保田洋志	広島工業大学工学部機械システム工学科
	瀧沢　幸男	日野自動車株式会社 TQM 推進室 QC・SQC グループ
	竹下　正生	財団法人日本規格協会
	中條　武志	中央大学理工学部経営システム工学科
	永田　　靖	早稲田大学創造理工学部経営システム工学科
	宮村　鐵夫	中央大学理工学部経営システム工学科

●執筆者●

	梅室　博行	東京工業大学大学院社会理工学研究科

用字・用語について

JSQC 選書では,サービス業でも抵抗なく読み進められるように,原則,"品質"ではなく"質"を用います.ただし,"品質立国日本"や"品質表"などの歴史的経過から既に定着したと考えられる用語や固有名詞の場合には"品質"とします.
また,"management"は"マネジメント","control"は"管理"と区別して表記することにしました.そもそも"管理"には広義(quality management:質を中心にした経営管理活動)と狭義(quality control:quality management の一部)が考えられます.欧米同様,それぞれ区別して用語を用いたほうが実施事項や実施範囲が明確になり,誤解なく意味が伝わりやすく,また,国際的な場面においても対応容易性が期待できるため,このように記すことにしました.

発刊に寄せて

　日本の国際競争力は，BRICsなどの目覚しい発展の中にあって，停滞気味である．また近年，社会の安全・安心を脅かす企業の不祥事や重大事故の多発が大きな社会問題となっている．背景には短期的な業績思考，過度な価格競争によるコスト削減偏重のものづくりやサービスの提供といった経営のあり方や，また，経営者の倫理観の欠如によるところが根底にあろう．

　ものづくりサイドから見れば，商品ライフサイクルの短命化と新製品開発競争，採用技術の高度化・複合化・融合化や，一方で進展する雇用形態の変化等の環境下，それらに対応する技術開発や技術の伝承，そして品質管理のあり方等の問題が顕在化してきていることは確かである．

　日本の国際競争力強化は，ものづくり強化にかかっている．それは，"品質立国"を再生復活させること，すなわち"品質"世界一の日本ブランドを復活させることである．これは市場・経済のグローバル化のもとに，単に現在のグローバル企業だけの課題ではなく，国内型企業にも求められるものであり，またものづくり企業のみならず広義のサービス産業全体にも求められるものである．

　これらの状況を認識し，日本の総合力を最大活用する意味で，産官学連携を強化し，広義の"品質の確保"，"品質の展開"，"品質の創造"及びそのための"人の育成"，"経営システムの革新"が求められる．

"品質の確保"はいうまでもなく，顧客及び社会に約束した質と価値を守り，安全と安心を保証することである．また"品質の展開"は，ものづくり企業で展開し実績のある品質の確保に関する考え方，理論，ツール，マネジメントシステムなどの他産業への展開であり，全産業の国際競争力を底上げするものである．そして"品質の創造"とは，顧客や社会への新しい価値の開発とその提供であり，さらなる国際競争力の強化を図ることである．これらは数年前，(社)日本品質管理学会の会長在任中に策定した中期計画の基本方針でもある．産官学が連携して知恵を出し合い，実践して，新たな価値を作り出していくことが今ほど求められる時代はないと考える．

ここに，(社)日本品質管理学会が，この趣旨に準じて『JSQC選書』を出していく意義は誠に大きい．"品質立国"再構築によって，国際競争力強化を目指す日本全体にとって，『JSQC選書』が広くお役立ちできることを期待したい．

2008年9月1日

経済同友会代表幹事
株式会社リコー代表取締役会長執行役員
(元 社団法人日本品質管理学会会長)

桜井　正光

まえがき

　この本のテーマは，私自身がここ数年間なんとなく感じていた一つの疑問からスタートしました．世の中が，少しでも「コスト削減」できることを見つけることが偉いことだという風潮に走っていた時期，それが重要なことは理屈ではわかっているのだけれど，一方で私たちは何か大切なものを失っているのではないか，と心のどこかに引っかかっていた疑問です．

　例えば，店頭販売員やホテルの従業員を「コストの安い」アルバイトやパートタイマーにすれば，会社はコストが抑えられます．一方，顧客である私たちは自分が目的としていた商品をきちんと買うことができて，きちんと安全に宿泊ができるのですから双方問題がないはずです．しかし，店で買い物をしたり宿泊したりしている間に感じる一抹の「不幸な」感じは何だろう．それが私の疑問でした．

　きちんと目的とした商品やサービスが買えたのだから別にいいじゃないか．合理的に考えればそうかもしれません．でも，コストを切り下げることによって従業員の質を下げ，従業員と接触した顧客がなんとなく「不幸な」感情を抱いて，でも目的とした商品が買えたのだからこれでよいのだと自分で自分を納得させて帰路に着くことは，少なくともすべての顧客が望んでいることではないのではないだろうか．かつてその店が提供していた顧客の感情に対する価値まで，コストと見なして削減してしまったのではないだろうか．

日本人が伝統的にもっている強みとして挙げられるものはいくつもありますが，仕事をきちんとていねいにする，手先が器用といったことに加えて，相手の気持ちを思いやるということも一つの重要な強みだったと思います．他の人，特に身の周りの人やお客様の感情を想像し思いやるスキル．悪い感情を与えず，よい感情をもってもらう様々な配慮．これらは昔から日本人がもっていた卓越した能力だったと思います．最近「おもてなし」という言葉が見直され，広告などで目に触れる機会が増えましたが，もてなしの精神は「客人によい気持ちを味わってもらうようていねいに応じる」ことにほかなりません．

　この本では，この「人によい感情を起こす」，「よい感情を経験してもらう」という考えを一つの大切な「質」として，企業経営の中で，あるいは社会の中で認識していただくことを目標にしています．私たちは感情を意味する英単語 affect から，この「質」をアフェクティブ・クォリティと呼んでいます．もちろんこの考え方自体は，それほど新しいものではありません．それどころか，先に書いたように日本人の間に昔から広く深く浸透していた文化です．しかし，前世紀から今世紀にかけての合理性重視，コスト削減優先の風潮の中で忘れかけられたこの価値をもう一度取りあげ，その大切さをもう一度議論することで，むやみやたらに削減してしまってよいものではない，それどころかこれからの製品・サービスづくりの中で重要な競争力になり得るものだということを，皆さんに今一度考えていただきたい．そう思ってこの本を書きました．

　多くの方々とこの概念について議論をしてきましたが，何人かの

方は「相手の感情を思いやるという価値観を主張しよう，社会に広めようなどというのは，ただの宗教だ」とおっしゃいました．私は，宗教と呼ばれるのなら宗教でもよいと思っています．たぶんその方々の多くは，「感情というのは経済価値に換算できない精神的なものだから宗教の領域」とお考えになっているのだと思います．しかし，感情的な経験が経済価値に換算できないかというと，単に今よいものさしがないだけで，決して不可能ではないと思っています．そのあたりもこの本の中で議論してみたいと思っています．それよりも私たちは，現代の経済価値で測れるコストや利益こそが絶対の経営判断の基準だ，という価値観に対し，「感情」はそれらと同じくらい大切な経営判断の基準，同じくらい重要な価値観なのだと主張しようとしているのです．世の中の大勢が信じている価値観に，それと並ぶもう一つ新しい価値観を提案しようとしているのですから，それは確かに「宗教」なのかもしれません．

　もう一つ．「百年に一度」の景気後退の時期にこのような「贅沢」なテーマを議論するのは時代に逆行しているのではないか，時期が悪すぎる，という懸念を示された方もいらっしゃいました．質の高い感情経験なんていうのは高級車や一流ホテルの専売特許である．この景気の悪い時代には，「感情経験」なんてそうそう実現できるわけがなく机上の空論にすぎないと．しかしこの本を通じて皆さんに問いかけたいのは，お金をかけたデザインの必要性でも，高級な素材を使うことの重要性でもなく，ただ一つ「人間の感情に思いを及ぼす」という考え方のもつ価値です．お客さんにどんな感情をもってもらおうかと考えることができたら，それを実現する方法は必

ずしもお金をかけることばかりではありません．茶道では，お客さんをもてなすのにお金をかけて贅沢なことをしろとは教えていないはずです．お客さんに接する従業員の言葉一つ，表情一つでお客さんの感情経験を劇的に変えることもできるのです．私自身は，むしろこんな時代だからこそ，皆さんに振り返ってもらいたい価値観であると考えています．

　この本をまとめるにあたり，日本規格協会の末安いづみ様には大変お世話になりました．執筆中心が折れそうになったときに，叱咤する代わりに優しい心遣いと，その状況での可能な選択肢を探る冷静さをいただいていなければおそらくこの本をこの時期には出せなかったでしょう．まさにアフェクティブのプロと感銘を受けました．また，この本の中で紹介した「感性」で仕事をされている方々は内容だけでなく表現にもこだわります．例えばひとつの言葉を漢字で書くかひらがなで書くかカタカナで書くかで何時間も議論する人々です．そのようなこだわりを少しでも尊重するために，無理をいってこの本では他のJSQC選書と少し異なるスタイルを使わせていただきました．そのため編集を担当してくださった日本規格協会の宮原啓介様には大変ご迷惑をおかけしました．改めて感謝いたします．

　この本を書く機会をくださった東京工業大学経営工学専攻の圓川隆夫先生には心より感謝を申し上げます．アフェクティブを製品やサービスばかりでなくマネジメントに拡張する発想は，圓川先生の「アフェクティブな経営って何だ？」という一言から生まれました．

さらに，このテーマを東京工業大学経営工学専攻の諸先生と議論する中で多くの貴重なご示唆をいただきました．厚くお礼を申し上げます．

第5章の事例研究は東京工業大学経営工学専攻の大学院生，西山由希子さんの研究（西山，2008）に多くを拠っています．西山さんと一緒にインタビューに訪問させていただいた際，株式会社東芝様，マツダ株式会社様，日産自動車株式会社様，トヨタ自動車株式会社様の方々には多くの貴重なお話を大変快くお聞かせいただきました．心からお礼を申し上げます．

最後に，アフェクティブの概念に気づき，整理し，発展させる過程で，長い時間をかけて熱く実り多い議論をしてくれた東京工業大学 Affective Laboratory のメンバーに感謝いたします．

2009年春

我がアフェクティブな大岡山で
梅室　博行

目　　次

発刊に寄せて
まえがき

第1章　序論――競争力としての「アフェクティブ」

1.1　感情経験：感情が呼び起こされる小さな瞬間たち ………… 15
1.2　感情を想いやる：日本の伝統的な競争力 ………………… 20

第2章　安全・信頼・ユーザビリティ・その次に来るもの

2.1　安全・信頼：従来の品質管理が目指したもの ……………… 25
2.2　ユーザビリティ：人間工学の貢献と限界 …………………… 28
2.3　なぜ「高齢者向け商品」は売れにくいのか ………………… 30
2.4　ユーザビリティの次にくるものは何か？ …………………… 32
　　　コラム　「日本品質」の捉えられ方 ………………………… 38

第3章　感情と愛着――affect から affection へ

3.1　認知から感情へ：人間の合理性の時代と非合理性の時代 …… 41
3.2　「アフェクティブ」とは何か …………………………………… 47
3.3　なぜ今感情が重要なのか：生物としての人と市場競争力と … 49
3.4　感情を喚起する質：アフェクティブ・クォリティ ………… 52
　　　コラム　アフェクティブ・クォリティが本来の質である
　　　　　　　製品・サービス ……………………………………… 59

第 4 章　アフェクティブ・クォリティを読み解く考え方とツール

4.1　アフェクティブさの評価 …………………………………… 61
　4.1.1　原因系と結果系 …… 61
　4.1.2　原因系：製品・サービスの評価 …… 64
　4.1.3　結果系：感情反応の評価 …… 66
4.2　本能的(visceral)感情と内省的(reflective)感情：
　　　二つの感情の層 …………………………………………… 71
4.3　感情は「非合理的」か？ ……………………………………… 75
4.4　ユーザ・エクスペリエンスの中の感情をとらえる
　　　四つのスレッドと六つのフェーズ ……………………… 78
　　コラム　ネガティブにアフェクティブな製品 ……………… 85

第 5 章　アフェクティブ・クォリティをつくり出す
　　　　　─デザインからブランド戦略まで

5.1　「感性品質」の先端企業：アフェクティブ・クォリティの
　　　成功事例として ………………………………………… 87
　5.1.1　マツダ …… 87
　5.1.2　日産自動車 …… 90
　5.1.3　トヨタ自動車（レクサス） …… 93
　5.1.4　東　芝 …… 98
　5.1.5　プラマイゼロ …… 101
5.2　アフェクティブ・クォリティがもたらす感情経験 …… 105
5.3　アフェクティブ・クォリティを実現する組織戦略 …… 107
　5.3.1　組織横断的な体制とコミュニケーション …… 109
　5.3.2　ブランドマネジメント …… 109
　5.3.3　顧客コミュニケーション …… 111
　5.3.4　デザイン・設計 …… 112
　5.3.5　評　価 …… 114
　5.3.6　基礎研究 …… 115
5.4　アフェクティブさとインスティテューション ………… 116

5.5 アフェクティブ・クォリティの限界—iPod を首から
    おろすとき ………………………………………………… 119
  5.5.1 「甘いキャンディもたくさんなめればあきる」 ………… 119
  5.5.2 「見かけ倒し」 …………………………………………… 120
  5.5.3 「当たり前品質化」 ……………………………………… 121
  コラム アフェクティブ・コミュニケーション ……………… 123

第6章 アフェクティブ・マネジメント

6.1 アフェクティブな経営 ………………………………………… 125
6.2 経営を取り巻く様々な感情 …………………………………… 129
6.3 アフェクティブな組織 ………………………………………… 132
6.4 アフェクティブなサービス …………………………………… 134

あとがき—アフェクティブな社会へ向けて ……………………… 137

参考文献 ……… 143
索 引 ……… 147

第1章 序論—競争力としての「アフェクティブ」

1.1 感情経験：感情が呼び起こされる小さな瞬間たち

今日は休日で、いつも家事に奮闘する奥様をいたわろうと、今朝は諸兄が台所に立って朝ご飯を用意していると考えてほしい．焼き魚を焼き、みそ汁を作り、ご飯を盛り、お茶を入れて、いそいそと食卓に運び、さあできたよ食べようと奥様に声をかけた．あなたが誇らしく食卓で奥様を迎えようと待っていると、それまでソファでにこにこと待っていた奥様は食卓に来る前にすっと台所へ移動して、フキンで調理台と流しをささっと拭いてから食卓へ向かったとしよう．

さて、あなたならこの一瞬の奥様の行動をどう思うだろうか．何も思わない人もいるかもしれないし、「よいフォローださすが私の妻」と思う人もいるかもしれない．しかし、ちょっとしたがっかり感を感じる人もいるのではないだろうか．今日は奥様を休ませようと張り切って、しかも自分ではきちんと完璧な朝食を用意したつもりなのに、最後の最後に無言で「あなたはまだまだダメね」といわれたような気分．

もちろんこの場面では、調理の後を掃除するというのは合理的で適切な行動である．しかし一方で、休日の得意げな旦那さんの気を

ちょっとばかりそいでしまったのはなぜだろうか．奥様はこの「正当な行動」を，旦那さんの得意げな顔をもたせながらする方法はあったのだろうか．例えば同じ行動を，ほんの数秒早く，「ありがとう．こっちは私がやっておくから食卓よろしくね」などといいながらやれば結果は違ったかもしれない．なぜなら「もちろんあなたは自分でここを掃除するつもりだったんだけど，たまたま私がやっちゃっただけよ」というメッセージを暗に送れるからだ．

「そこまで気を遣うか?!」という方もいらっしゃるかもしれない．しかし社会的動物である人間は，本来相手の感情を「読んで」，それに応じて自分の言動をコントロールするスキルをもっているはずなのである．そしてさらに，おそらく近い将来，機械がこの技を使いこなすようになると知ったらさらに驚かれるかもしれない．例えば現段階のロボットは，プログラムされた行動を忠実に行う．先の例でいえば，調理台をきれいに拭いてくれるだろう．しかし「感情シミュレータ」をもつロボットは，次の行動が「ご主人様」の感情をどのように喜ばせるか（あるいは害するか）を考えて，行動を選ぶ，あるいは変更するようになると期待されている（もちろん「ご主人様」個々人の気質に合わせた学習機能付きで）．そんな優秀な執事が出現したら，「感情を読む」能力を廃れさせつつある私たち人間様はすぐに追い抜かれてしまうだろう．ほとんどの競合商品が合理的な機能を十分な質でこなすようになった時点では，実はこんな「感情への配慮」が新たな競争力になり得るという一例である．

遠い未来の夢物語のように思う読者もいらっしゃると思うので，

1.1 感情経験：感情が呼び起こされる小さな瞬間たち

もう一つ例を挙げよう．ここ 1 年の間に，Apple 社の iPhone を購入された方ならだれしも経験したことと思う．Apple 社お得意のちょっと気取って思わせぶりな広告に始まり，軽い憧れのような気持ちで店に足を運ぶ顧客．いよいよ注文してわくわくが最高潮になりながら待っていると，店の奥から運ばれてくる黒い箱．店によっては全く隙のないプラスティックコートのように包まれた透明な外装フィルムにナイフを入れる「開封の儀式」を顧客にさせてくれるかもしれない．何か大切な貴金属かガラス食器でも入っているのではと思わせるような黒いふたを開けると，漆黒の台の中央に鎮座している iPhone 本体とご対面する（図 1.1；実際にはベルベットが張ってあるわけでもなんでもないのだが，Nokia の Vertu を買う財力のない一般のユーザにもその「もったいつけた」雰囲気を味わわせてくれるのがミソ）．店によっては，店員が両手で包み込むように本体をもって，「ご確認ください」と客に渡してくれる．実はこの「渡す」というアクションについて「新生児を両手で包み込むように」顧客に手渡しすべしというマニュアルが存在するという情

図 1.1 iPhone 開梱の様子

報もある．

　実際に使い始めると，もちろんその美しい外観に見とれてみたり，友人の前でこれ見よがしに取り出して使い始めたりという喜びも去ることながら，iPhoneの本当の満足は使っていく中で遭遇する小さな驚きに存在する．例えば，スクリーンを指で上になぞるとスクリーンが上にスクロールするが，画面上を指で押さえた部分がぴったりと指に付いて移動する．まるで現実世界の机の上の小物を指で押さえてそのまま滑らせているように．あまりに自然すぎてそのときは気がつかないが，他社の似たようなタッチスクリーン式の携帯電話を使うと気がつくことがある．確かに上へなぞると上にスクロールするが，画面の移動が指についてくるというような細かいチューニングがなされていないと，異なる速度で移動するので違和感がある．そのときに初めてiPhoneのていねいな作り込みに気がつくのである．また，指で勢いよく動かしたつまみやダイアルが，まるで慣性をもっているように「回転し」，「弾む」感覚など（図1.2），このような一つひとつのていねいなインタフェースの作り込

図1.2　「慣性」を持ったiPhoneのダイヤル

1.1 感情経験：感情が呼び起こされる小さな瞬間たち

みは，決してカタログスペックには現れないし，大々的に広告されることもない．しかし，このような小さな発見がオーナーに小さな満足感を積み重ねる．そして，友人に「これいいんだよ〜」と見せびらかし半分で勧めるようになるのである．

もう一つ現在体験することができる例を．もしも諸兄が自動車を運転するのが好きで，初めてレクサスショップへ出かけたら，最上級のLSや最新のRXだけでなく，ISのコクピットを体験することをお勧めする．ISの運転席に身を沈めて，イグニッションボタンを押し，車が目覚めるときにインストルメンタルパネルで起こる小さな「儀式」に，運転好きの人なら胸を射貫かれるはずだ（諸兄の感動を奪いたくないので詳しくはここに記さないが）．それは小さな演出にすぎない．しかしこのエモーショナルな演出は，これからこの自動車を「駆る」のだという静かな，しかし沸き上がる興奮を，実に上品にかき立ててくれる．

以上の三つの例には，「キッチンをきれいにする」，「通信する」，「自動車を運転する」というタスクを高い信頼性で容易に実現する，という従来の機能的な価値観とは全く異なる価値観が存在する．すなわち，ユーザである人間の感情を考えるという価値．望ましい感情（必ずしも強い感情とは限らない）をユーザに引き起こし，高い満足—あるいは幸せといってもよいかもしれない—を与える．あるいは考えられるネガティブな感情を回避して不愉快な思いをさせない．この「顧客の感情を考える」という価値観を新しい「質」ととらえ，これまでの安全性，高信頼性，そして高いユーザビリティを中心とした質が競争力を失った今，我が国の製品・サー

ビスの競争力としてこの価値観こそ新たな競争力になる，というのが本書の主要な論点である．

1.2 感情を想いやる：日本の伝統的な競争力

ただ，ここで疑問をもたれる方も多いと思う．「こんなこと，日本人は昔からやってきたじゃないか．何をいまさら．」そのとおりである．実はこのような，相手の気持ちを思いやり，きめ細やかな「もてなし」をするのは日本人の十八番であった．例えば茶道は「人をもてなすことの本質」をひたすら追求し，単なる様式や自然の鑑賞だけでない，もてなす際に現れる人間の心の美しさという自己の内面までを深く見つめる「道」として完成した．

しかし，1990年代に米国からやってきて，バブル崩壊後の失われた10年を苦しむ日本企業に浸透した市場原理主義，効率性重視，コスト削減最優先という合理主義の「教義」の中で，「顧客の感情」という価値は「プラスα」でしかなかった．すなわち，一部の老舗，プレミア層を対象とするビジネス以外では，まずコストを最小にすることが最優先，余裕があれば考える，あるいはちょっとデザインをよくしてみる，というように，この本来日本人の得意技であった顧客の感情面への配慮は，低い優先順位しか与えられなかったか，あるいは完全に忘れ去られていた．

だが一方で，近年この日本の伝統的な強みを見直し，競争力としてアピールし，成功を収めつつある企業が多くなってきた．トヨタ自動車は1989年にレクサスブランドを米国でスタートしたと

きに，日本流の「おもてなし」を米国流に解釈して導入した．数年前ANAは，米国で展開していた自社の英語の広告にあえて平仮名で「おもてなし」というコピーを載せていたが，これはその後"OMOTENASHI"とローマ字表記になって日産自動車のティアナの国内広告に現れた．どれも共通して「どうしたら顧客に気持ちよく過ごしてもらえるか」という上質な快適性を象徴するキーワードとして用いられている．自動車業界にさらに目を向ければ，BMWの「駆け抜ける喜び」が訴求するエモーショナルな興奮，Lexusの"L-finess"が象徴するきめ細かな心遣いがもたらす満足感．マツダ・ロードスターの「人馬一体」に車を操るスポーツにも似た楽しみなど，目指す方向がみな違うものの，これらが目指している「質」のポイントは高性能でも故障しないことでもない．それらの製品やサービスの利用を通じてユーザにどのような感情的な経験を提供するかに価値を置いているのである．一方，これらの製品の特徴を「感性」ととらえて産業界を中心に使われ始めた「感性品質」という言葉は，さらに家電製品やインテリア，住環境においても差別化のキーワードとして使われるようになった（感性品質と「感情」の関係は第4章でもう一度議論する）．

　本書のゴールは，このような日本人が古くから伝統的に文化として受け継いできながら近年コスト重視の潮流の中で振り返られることの少なかった，人の気持ちを想像し思いやる高度な能力を，新たな「質」の競争力として，あるいは一つの重要な価値観として復権させることである．本書では，人にある望ましい感情を起こす，あるいは望ましくない感情を避けるためには，相手の感情を正しく予

想し理解する能力こそ本質と考え，このような能力をもった製品・サービスや人をアフェクティブ（affective）である，と呼ぶ．そして，ユーザにどのような感情を起こすか十分にかつ慎重に考えられた製品・サービスの質をアフェクティブ・クォリティと呼び，その本質は何か，どのようにしたらそのような「質」をつくり出すことができるのかを考える．

　本書では，まず第2章で今までの製品づくり，サービスづくりを振り返り，これまでのアプローチに何が欠けていたのか，これからの時代に何が必要なのかについて考える．特に「ユーザビリティ」という「質」を例に，商品を魅力的にするために重要な役割を演じてきた「質」が，今世紀に入るとともにその競争力を失っていった過程，そして「その次」にどのような「質」が必要かという議論がなされているかを見る．

　第2章の最後では，様々な分野の人々が「感情」というキーワードに着目してきていることを紹介するが，第3章では人間にとって「感情」とはどのようなものなのか，歴史的にどのように考えられてきたのかについて簡単に振り返り，近年感情の研究がさかんになってきた背景を紹介する．そして人（顧客，ユーザ）の感情を考える，沸き起こす「アフェクティブ」という概念を提唱し，品物やサービスをアフェクティブにする「質」，すなわちアフェクティブ・クォリティという考え方を説明する．

　「品物やサービスをアフェクティブにする質」とはいったいどういうものなのか．どうしたらそれをとらえることができるのか．第4章では，実際にアフェクティブ・クォリティについて考えたり取

1.2 感情を想いやる：日本の伝統的な競争力

り組んだりするために必要と思われるいくつかの基本的な考え方を解説する．さらに第5章では，実際にアフェクティブ・クォリティに取り組んでいる先進企業の事例をもとに，企業がアフェクティブな商品やサービスをつくり出していくためにするべきことを探る．アフェクティブはオールマイティではない．第5章では，アフェクティブの考え方を適用するうえでの限界についても考察する．

第5章では，アフェクティブ・クォリティをつくり出すためには単なるデザインや設計だけでなく，組織全体にわたる様々な活動が必要であるということを述べる．第6章ではアフェクティブという考え方・価値観が実は製品やサービスそのものを作るときだけでなく，組織をマネジメントするうえでも大切な価値観の一つになり得るという議論をする．そしてそのような価値観をもったマネジメント，すなわちアフェクティブ・マネジメントの考え方を提唱する．さらにアフェクティブという考え方が一人ひとりの人間に共有され，普遍的な価値観となったら社会はどうなるか，という未来のビジョンを紹介し，本書を結ぶ．

第2章 安全・信頼・ユーザビリティ・その次に来るもの

2.1 安全・信頼：従来の品質管理が目指したもの

20世紀後半に我が国を「品質大国」にしたのは，製造業の卓越した品質管理の技術であったことは今更いうまでもない．例えば，米国の中古車市場では日本車の価格が落ちない．日本では昨今めったにお目にかかれないような，走行距離10万マイル（＝16万km）を超えたような小さな日本車が，元気に高速道路を走っている．筆者が米国に1年ほど住んだときに安い米国メーカの中古車を買おうと思ったら，滞在先の大学の米国人が口をそろえて「絶対日本車の新車か中古車を買うべきだ」といった．同じようなクラスの同じような年式の日本メーカの中古車は5割増ほどの値段がしたが，1年後に高く売れるから結局得なのだと．このように20世紀後半に「日本品質」を打ち立てたものは，目的とする仕事（自動車の場合ならきちんと走って目的地まで連れていってくれること）を達成してくれる高機能性や多機能性に加えて，安全性（危険な目に遭わないこと）と信頼性（いつでも必要とするときにきちんと働いてくれること）であった．壊れない．ばらつきが少ない．さらに性能や質がよい．こうして日本の自動車は世界市場で確固たる信頼を得，またオーディオやテレビ，ビデオなどエレクトロニクスは日

本の「お家芸」となった．

こうして日本製品は安全性と信頼性の代名詞となり，世界のコンペティタは日本製品と比類する安全性と信頼性を獲得しなくては競争できなくなった．それをしなかったもの，あるいは必死に努力しても日本製品と肩を並べる安全性と信頼性を達成し得なかったコンペティタは市場からの退場を余儀なくされ，市場には「日本品質」と競争できるだけの安全性と信頼性をもった商品だけが生き残った．

しかしそれは同時に，安全性と信頼性はいわゆる当たり前品質（狩野, 瀬楽, 高橋, 辻, 1984）となったということも意味する（図2.1）．かつて自動車は故障するものと考えられていた時代には，自分が買った車が故障しても顧客はあまり不満に思わなかったかもしれないが，一方故障しない車が発売されればそれは魅力的に映るだろうし，高くても売れただろう．すなわち信頼性が「魅力的品質」であった時代である．そのうち信頼性の高い車が市場に増えてくれば，顧客は故障する車では不満になり，買わなくなる．しかし一方で，まだ信頼性にもいろいろ程度があり，非常に信頼性の高い車はそれなりの値段がするような状況なら，信頼性という「質」は低ければ売れないが高ければやはり魅力的に映る．すなわち「一元的品質」の時代である．そして「日本品質」が標準となった20世紀の終わりごろには，自動車が故障しないことは「当たり前」となってしまった．故障するような車が多くあれば，すぐに売れなくなってその会社はつぶれるだろう．

こうして安全性と信頼性が「当たり前品質」になってしまった時

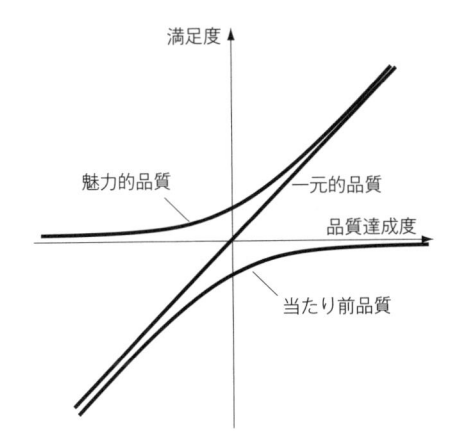

2.1 安全・信頼：従来の品質管理が目指したもの

図 2.1 当たり前品質・一元的品質・魅力的品質

代には，安全性や信頼性はその製品が当然満たしているべき要件となってしまい，それだけで商品を魅力的に見せることは難しくなってしまった．このままでは，同じ水準の質をより安いコストで実現する新興国のコンペティタが現れれば競争力を失い市場を奪われかねない．そのときに何を競争力にすれば差別化できるか．多くの日本のものづくり企業が選んだ道は，高機能を魅力的品質として差別化することであった．しかしこれも，韓国企業など同様に高機能性で勝負できるコンペティタが出現すれば，やはり競争力は低くなり，結局コスト競争に帰着しやすい．

こうして日本のものづくりが従来もっていた高い質管理能力，別の言葉でいえば「日本品質」だけでは国際市場での競争を勝ち抜くのが難しくなり，コスト競争に巻き込まれた結果，これまで築き上げた高い歩留りを達成する管理プロセスまで「過度なコスト」と見

なして削減の対象にする動きがあるのは気にかかるところである．

2.2 ユーザビリティ：人間工学の貢献と限界

かつての魅力的品質が当たり前品質となり，以前はもっていた競争力を失ったもう一つのよい例として，ユーザビリティ (usability) について考察してみよう．

20世紀後半に情報技術に代表される多くの技術が目覚ましい発展を遂げ，製品やシステムは多くの複雑な働きをもつようになり，さらに大規模化と集約化の両方が同時に進行した．そして多くの企業が多機能性を競争力と考えた結果，開発された製品やサービスは自ずと複雑になり，操作は難しくなった．代表例は電話機で，その名の表す「通話する」という機能は今や機能のほんの片隅の一部にすぎず，電子メールの交換やインターネットへの接続，動画の撮影やテレビ・音楽の視聴，電子マネーによる決済やスケジュール管理，GPS端末としての機能までが手のひらサイズの，高々20数個程度の入力キーしかない筐体（きょうたい）に押し込まれている．体温計は温度を測るだけではなく，カレンダーを内蔵して過去数か月の体温の変化を記憶してパソコンに転送する外部メモリであり，また毎朝決まった時間に起こして体温を測ることを促す目覚まし時計でもある．一般ユーザ向けの乗用車が内蔵しているコンピュータのソフトウェアは，今や飛行機一機分と肩を並べるステップ数をもっているそうだ．そして多機能・集約の代表格はパソコンだろう．100程度のキーと，数個のボタンがついたポインティングデバイスがほとんど

すべての入力装置であるこの箱に向かって，我々は毎日のほとんどすべての仕事をしている．

産業革命から20世紀まで，多数の技術製品・技術サービスは「技術屋」によってつくられてきた．つまり，このような新しい技術ができたからこれをエンドユーザが使えるように製品化しよう，こんなことができるようになったので製品にしようというシーズ側からのオファーである．機能本位，技術本位で設計されたシステムは技術ありきなので，それに合わせて人間が適応する．すなわち与えられた機能を使いこなすべく，「訓練」や「研修」や「マニュアル」によって人間側が使い方を覚えなくてはならない．そして覚えなくてはならないことが多ければ多いほど，人間は使い方を誤り，場合によっては大きな損害を生じ，あるいは重大な事故が起こらなかったとしても時間とともに使い方を忘れる．

そこで注目されたのが人間工学である．人間工学のゴールの一つは，「製品（システム・環境）を安全かつ使いやすくすること」，別の言葉でいえば「ユーザビリティを高めること」である．このため，人間工学では工学，心理学，生理学，組織学など多くの分野にまたがる複合的なアプローチで，想定されるユーザを研究し，その特性を設計に反映させるという考え方でシステムを「使いやすくする」努力をしてきた．米国では第2次世界大戦中に軍を中心に人間工学の研究が本格的に始まった．一つの大きな原因はこの大戦中に本格的に戦力として導入された航空機であり，コクピットの操作性や居住性，パイロットの身体的な負荷を総合的に研究するために，工学だけではなく，心理学，生理学，医学などの研究

者が多く投入された．戦後これらの研究者たちは民間にも人間工学の考え方を広め，人間のために機械やシステムを使いやすく安全にする活動を研究者と実践者の両方が続けてきた．そして1980年代にNormanが『*Psychology of the Everyday Things*』(1988)（後に*Design of Everyday Things*に改題）でユーザビリティの考え方を人間工学や認知科学の専門家以外に広く紹介し，Nielsenが『*Usability Engineering*』(1993)でユーザビリティ工学の手法を確立したことなどを通して，ユーザビリティの考え方と重要性はデザインコミュニティで広く認知されるようになった．

こうして20世紀の終わりにかけて，ものづくり企業が認知科学や人間工学のバックグラウンドをもった人材を採用し，製品のユーザビリティを高めることに努力をした結果，世の中にはユーザビリティの高い製品やシステムが普通に見られるようになった．特殊なユーザだけが特殊な用途に使う，高いコストを払って技能を習得せざるを得ない，あるいは複雑な操作を覚えざるを得ないような製品（いわゆる「プロフェッショナル向け」など）を除き，使いにくい製品は売れなくなった．つまり前述の自動車の信頼性の例と全く同じで，ユーザビリティは「当たり前品質」，当然満たしているべき要件となり，ユーザビリティそのものは既に製品を魅力的に見せ差別化する競争力とはなり得なくなったのである (Jordan, 2000)．

2.3　なぜ「高齢者向け商品」は売れにくいのか

筆者は長く高齢者と技術の関係を研究していたことがあったた

2.3 なぜ「高齢者向け商品」は売れにくいのか

め,携帯電話各社から出ているいわゆる「シニア向け」の電話機を自分で買って使ってみている.NTTドコモからは「らくらくホン」シリーズ(富士通製)がロングセラーとなっている.筆者もらくらくホンのうち2機種を使ってみたが,実に高いユーザビリティを実現していると感じる.高齢者の視覚特性を熟慮したディスプレイやマークのデザイン,ボタンの触覚の設計,簡素化したメニュー構造など,「ユーザの特性を研究して設計に反映する」という人間工学の精神を象徴するような製品で,富士通の人間工学の実力を十分に感じることができる.実際に70歳代の高齢者に使ってみてもらったところ,それまで使っていた機種よりもはるかに使いやすいという感想が多く聞かれた.

少子高齢化社会を背景に,近年携帯電話のほかにも多くのシニア向け製品が多く開発・発売されている.ファッション・アクセサリーから,携帯電話・パソコンなどの情報通信機器,そして高齢者の健康や生活を見守る医療機器やITシステム,また投資から旅行,健康までの様々なサービスなど,幅広い商品が提案され続けている.食品業界でも高齢者世帯向けの味付けやパッケージングなど,このセグメントに向けたマーケティングに力を入れている.これらの製品のうちいくつかを利用してみたが,多くはやはり高齢者の身体的特性,認知的特性をよく考え,高齢者にとってのユーザビリティをよく考慮した製品であると感じた.しかし,「高齢者市場」は確実に大きくなっているのに,これらの製品のすべてが必ずしも市場で成功しているようには見受けられない.前述の「らくらくホン」は成功した例といってよいだろう.しかし前述の高齢者

にインタビューしたところ，NTT ドコモのユーザでさえ，それまで「らくらくホン」を店頭で手にとったり，購入を検討したことがあった人は皆無だった．

これはなぜだろうか．広告の仕方が不十分である，あるいは技術屋や医者など本来のユーザ以外の人が「こんな機能があればよい」，「こんな技術はすばらしい」と頭で考えて作っている，など様々な要因が存在すると考えられるが，少なくともユーザビリティの高い技術製品を作るだけでは消費者に買ってもらうのに十分ではない，ということを示しているといってよいだろう．

このようにユーザビリティの概念が一般に広まり，広く実現され，さらにユーザビリティが万能ではないことがだんだん表面化してきた 20 世紀の終わりごろから 21 世紀の初めにかけて，複数の分野で時期を同じくして，ユーザに長く使ってもらえるモノやシステムをつくるためには，従来の「シンプル」で「簡単」なユーザビリティだけでは不十分であるという認識が共有されるようになった．そしてユーザ自らが使いたい，長く使いたいと思わせるような設計・デザインが必要である（Carroll, 2004）との認識が広まり，ユーザビリティに加えて必要なもの，ユーザビリティの次にくるものは何なのかを模索する動きが始まった．

2.4 ユーザビリティの次にくるものは何か？

2.2 節で述べたように Norman はユーザビリティの考え方を広く一般に広めた功労者，いわゆる「ユーザビリティの導師」

("Usability Guru")である．しかし Norman は近著『*Emotional Design*』(Norman, 2004) の中で，自身の 16 年前の自著『*Psychology of Everyday Things*』以降を振り返り，「これまでデザインは製品のユーザビリティの側面，すなわちユーザが自身の目的を安全かつ効率的に達成することばかりを重要視してきすぎた」と批判した．そして，製品が人間の感情（emotion）にどのように訴えるかの重要性を議論した．興味深いのは，実際にはレモンを搾るのにはあまり役に立つとはいえないアレッシのジューシーサリフ（レモンスクイーザ）や，バイオリンなど習得に莫大な時間と努力が必要な楽器を例として挙げ，人間にはユーザビリティが低くてもそれが好きでたまらないものがある，と主張している点である（Norman の感情についての議論は 4.2 節で再び触れる）．

楽しさや喜びという要因に着目する人々も現れた．心理学者の Csikszentmihalyi (1991) はフロー（flow）という概念を提唱し，人間は楽器を弾いたりスポーツに熱中したりして，他のことを忘れるほどその活動に没頭した状態（フロー状態）になったときが，もっとも生産的でかつ幸せな時間である，と唱えた．そして多くの事例研究からフローになるための条件を明らかにしている．Csikszentmihalyi によれば，フローになるためにはそのタスク（スポーツや楽器）が人に求める技量（challenge）が，その人自身がもっている技量（skill）とまさにちょうど釣り合うくらいのバランスが必要で，そのとき人は周囲の余分な情報をすべて遮断してそのタスクに没入し，最高の喜びを得ることができる，といわれている．

人間工学の世界でも，楽しさや喜びの概念を取り入れる必要性を主張する研究者が現れた．IDEO 社の Fulton (1993) は，1990 年代に既に喜びの概念を人間工学のアプローチに取り入れる必要性を訴え，"new human factors" と呼んだ．また Phillips 社の人間工学研究者である Jordan (2000) は，喜びの概念を四つに分類し（第4章参照），それぞれの喜びをもたらすような製品をデザインするためのアプローチを体系的にまとめた "pleasure-based approach of human factors" を提案した．Jordan が訴えた喜びをもたらす製品 (pleasurable products) の概念に呼応した Fulton やそのほか多くの研究者・実践者の研究は，その後『*Pleasure with Products*』(Green & Jordan, 2002) という本として集大成した．

一方，近年米国の人間工学研究者 Hancock ら (2005) は，Maslow (1970) の欲求の5段階仮説にならって，人間工学分野で満たすべき目標を「安全」(safety)，「機能」(functionality)，「ユーザビリティ」(usability)，「楽しい経験」(pleasurable experience)，「個人化」(individualization) の5段階に階層化した（図 2.2）．そして従来の人間工学（ergonomics）が対象とするのは下層の安全からユーザビリティの一部までであるとし，ユーザビリティより上の楽しい体験，個人化といった上層部を対象とすべき新しい学問領域の必要性を提唱した．Hancock らはギリシャ語の快楽を表す "hedon" と体系化された規則を表す "nomos" から，この「人間と技術の間の楽しいインタラクションを目指すデザインと科学的研究」という新しい研究領域を "hedonomics" と名付けた．

さらに「楽しさ」とは何かについて，学際的な研究をする動きも

2.4 ユーザビリティの次にくるものは何か？

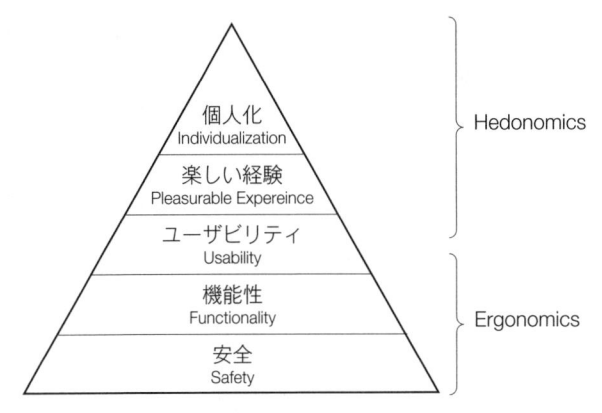

図 2.2 Hancock, Pepe, Murphy(2005) の Hedonomics の概念図

起こっている．情報工学や人間工学の研究者を中心に，哲学者，歴史学者，教育学者，心理学者や産業界からの実践者が集まり，「楽しさ」(fun) について様々な観点から研究が行われるようになり，この学際領域は "funology" (Blythe, et al., 2004) と呼ばれるようになっている．この分野は概念的な議論だけでなく，方法論や，実践の事例研究など多くの観点から共通の「楽しさ」というテーマについての議論が行われている．

このように，以前は哲学や心理学，社会学の領域と考えられていた「楽しさ」や「喜び」などの概念について，前世紀末から今世紀にかけて科学的・工学的なアプローチによる研究がなされるようになってきた．そして実際に製品設計などに応用されるようにもなってきている．

一方，美観 (aesthetics) の重要性について議論をしている研究者もいる．美もやはり，もともと芸術や哲学の範疇とされ，科学

的・工学的な研究にはそぐわないと考えられてきた．そして製品やサービスの美的な意匠，すなわちプロダクトデザインやグラフィックデザインはいわゆるアーティストの領域と考えられ，技術設計とは切り離された芸術の領域という考え方が強かった．

しかし近年になって，美観的にも美しく設計された技術製品やサービスは，ユーザの主観評価がよくなるだけでなく，ユーザが知覚するユーザビリティ，そして実際に仕事のパフォーマンスも改善するらしいという研究結果が得られてきた（例えば Kurosu & Kashimura, 1995; Tractinsky, Kats, & Ikar, 2000 など）．また，美観はユーザが技術製品にどのようにかかわるか（engagement）を決定づける要因であるという心理学的な証拠も得られるようになった（例えば Solves Pujol, 2007 など）．

一方岩井俊雄などに代表されるメディアアート，すなわち技術を芸術の表現手段とする手法が確固とした地位を確立した（岩井, 2000）．最近では岩井俊雄とヤマハとの共同開発になるアートと楽器の融合ともいうべき Tenori-on（http://www.yamaha.co.jp/tenori-on/index.html）など製品として市販される例もある．逆に情報ディスプレイのデザインに現代芸術を取り込む手法も一般化した．例えば Ljungblad らは，公共スペースのディスプレイにモンドリアン（Mondrian）の作品のモチーフを取り入れて，一見現代美術だが読み方を知っている人には情報ディスプレイとして機能する情報デザインを提案している（Ljungblad, Skog, & Holmquist, 2004）．また，MIT Media Lab で石井裕が率いる Tangible Media Group（http://tangible.media.mit.edu）の一連の研究は，情報を触れることができる

(tangible)ようにするという一貫したミッションをもっているが,一方でどれも大変美しくデザインされている.この美観が,彼らの研究の意義を一層魅力的にしていることは疑うまでもない.

　これらの例に見られるように,テクノロジーと芸術の境界は限りなくあいまいになってきている.これに伴い,美的なデザインと技術設計は不可分な一体の「デザイン」としてとらえられる方向に進んでいる.

　以上紹介した一連の「楽しさ」,「喜び」,「美しさ」などを対象とした研究に共通しているのは,人間の感情的,情緒的な側面を重視していること,そして感情的によりよい経験をもたらすことが,ユーザがその製品やサービスを「愛する」,すなわち自ら望んで使うようになることにつながると考えていることである.本書で最も重視するのは,この人(ユーザ,顧客)によりよい「感情反応」あるいは「感情経験」を提供するという考えである.

　次の第3章では,この「感情」という概念について,これまでの研究の経緯や社会での認知の推移などに触れて,その重要性を議論する.

/コラム/

「日本品質」の捉えられ方

　最近東京工業大学で，製品の印象を学生がどのように評価するかを実験で調べていたときのこと．目の前の机に製品が置かれ，それを自由に見たり触ったりしながら，手元の質問紙に書かれた様々な単語とその製品の印象が一致するかしないかを5段階評価していくという作業だった．質問紙には数百の単語が書かれていたが，その中に「日本品質」という単語があった．

　何人もの学生の回答が集まったところで，どの単語の評価とどの単語の評価の相関が高いかを分析した．例えば「メカニカル」という単語の評価が高い製品で同時に「機械的」という単語の評価が高ければ，この二つの単語はほぼ同じ意味を表していることがわかる．

　先の「日本品質」が「質実剛健」や「堅実」などと高い相関があったのは予想どおりであるが，意外だったのが製品の総合評価である「良い」や「好き」に結びつかなかったことである．詳しく調べてみると「日本品質」はユニークさや面白さ，インパクトなどを表す単語と相関が低い．そして「良い」や「好き」は後者のこれらの単語群とは相関が高いのである．さらに驚くべきことに「日本品質」は「中国」と高い相関を示していたのである．

　これらの結果が示すことは「日本品質」という言葉は依然として高い信頼性や品質の良さの代名詞である一方で，それだけでは顧客に製品を手に取らせるだけの魅力を失っていることを示唆している．堅実な選択ではあるけれども，面白味がない．この結果を見て思い浮かんだのは，かつてトヨタの自動車が「金太郎あめ」と揶揄されていた時代だ．しかも今では，中国メーカーもつくりそうな製品であると思われている．

　もちろんこの結果は，20歳代前半の大学生が評価した結果でしかないという点は忘れてはならない．それに，実際に製品を使い始めて信頼性がないことが判明したら，二度と買ってもらえないことは確か

だ．だから決して「日本品質」の価値を否定するものではない．しかし一方で，今の大学生はこれからの消費の中核を担う世代であり，彼らはやはり今回と同じように店頭で限られた時間で見て手に取って購買行動を決定することも確かである（もしかすると実物を手に取ることもなく，ウェブ上の写真とカタログスペック，そしてネット上の口コミだけで購買決定をするかもしれないが）．おそらく「日本品質」は当たり前という時代に育った彼らは，もはや「日本品質」のみでは魅力を感じられなくなっているということを示唆する今回の結果を見て，私は複雑な気持ちを覚えたものであるが読者諸兄はいかがだろうか．

第3章 感情と愛着—affect から affection へ

3.1 認知から感情へ：人間の合理性の時代と非合理性の時代

感情は人間の進化の歴史の中で合理的な思考よりも早い段階で発達したとされている．人間の身体からの情報は脊髄を通じてまず脳幹に入る（図3.1）．脳幹は脊髄をもつ動物に共通して見られ，生きるために必要な反射など原始的な反応はここで処理される．脳幹の上に発達した部分は大脳辺縁系と呼ばれる．感情の中でも基本的な「怒り」，「恐怖」，「驚き」，「悲しみ」，「嫌悪」，「喜び」などは基本感情と呼ばれるが，これを司っているのが大脳辺縁系といわれている．

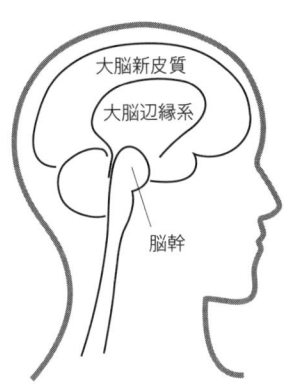

図 3.1 大脳辺縁系とその周辺の構造的関係

一方，言語や計算，状況診断，問題解決など人間の理性的・合理的な思考（いわゆる認知処理）は脳の最も新しく発達した上層部（新皮質）で処理されていると考えられる．全身の神経系からの情報は脊髄の付け根にある脳幹を通って脳と接続され，大脳辺縁系を経て大脳新皮質に到達すると見なすことができる．この脳の構造は，合理的な思考をつかさどる大脳新皮質は，感情をつかさどる大脳辺縁系を通してしか身体と通信できない，逆に基本感情の状態によっては身体と合理的な思考を遮断することができることを示唆している（いわゆる「キレる」状態はこうして起こると考えられている）．

このように，感情は合理的な思考よりも進化の早い段階で発達し，人間が身体からの情報を合理的に考え処理するよりも速く，（多くの場合に）適切な命令を自動的に身体に返信することができるのである．

しかし近代思想，特に西洋の思想は感情を非合理的で原始的なものと考え，その対極に理性を掲げた．感情は欲望などと同じように人間を利己的で誤った判断に導くものであると考えられ，感情的な主張をする人は「大人げない人」と低く見られた．一方理性的な判断，すなわち自分の感情や欲望を抑え理論的で合理的な判断をすることこそが，人間を人間たらしめる（動物とは異なる存在とする）と重視された．もちろんこの傾向には，東洋と西洋など文化によって差が見られる．米国のように多くの民族が流動的に共存する文化では，共通の価値観，特に情緒的な共感を共有することが難しい．よって多彩な価値観をもつ人々の間で明示的に議論し合意・説

得するためには，より客観的で普遍的な基準を共有することが必要とされ，論理的・合理的思考が重視されるようになったと考えられる．一方，日本のように多くの人が共通の価値観を共有しやすい歴史的・文化的背景をもつ国では情緒も共有しやすく，情緒的な文化の発達が促されたと考えられる．しかし，20世紀末の「グローバル化」への潮流の中で，アングロサクソン的な合理主義，市場原理主義が経済を支配し，貨幣価値に換算したうえでの損益計算，効率化，コスト削減が国際市場における競争に参加するためのルールとなった．その結果，日本企業も否応なくこれら「合理的」，すなわち貨幣価値に換算できるものさしばかりに基づいた経営に走り，逆にいえば貨幣価値に換算しにくいものには低い優先順位が与えられたか，あるいは忘れ去られるようになった．

このような近代思想の合理主義の流れは，心理学においては認知主義の台頭に現れている．20世紀前半の心理学は，人間を「科学的」に研究する学問であろうとするために，外部から観察できない人間の頭の中の活動を研究対象とするのをあきらめて「ブラックボックス」と見なし，外から観測できる行動だけを研究対象としようとする行動主義（behaviorism）が主流となった［図 3.2(a)］．

しかしやはり「頭の中」に踏み込み理解しようと，行動主義へのアンチテーゼとして 20 世紀後半に認知主義（cognitivism）が興った［図 3.2(b)］．認知主義は人間の頭の働き，すなわち認知プロセスを「情報処理」ととらえ，まず合理的な情報処理プロセスとして人間の頭の中の活動（精神活動：mental activity）をモデル化しようとした．しかし当然のことながら，人間は常に合理的な行動

をとるわけではない．このような合理的行動から「はずれた」現象を，認知主義ではバイアス（bias）あるいはヒューリスティック（heuristic）として人間の例外的な特性として扱おうとした．認知主義は，20世紀後半のコンピュータの発達と歩調を合わせるように発達し，コンピュータの比喩を用いて人間の認知プロセスをモデル化しようとする方法論は情報処理アプローチと呼ばれるようになった．

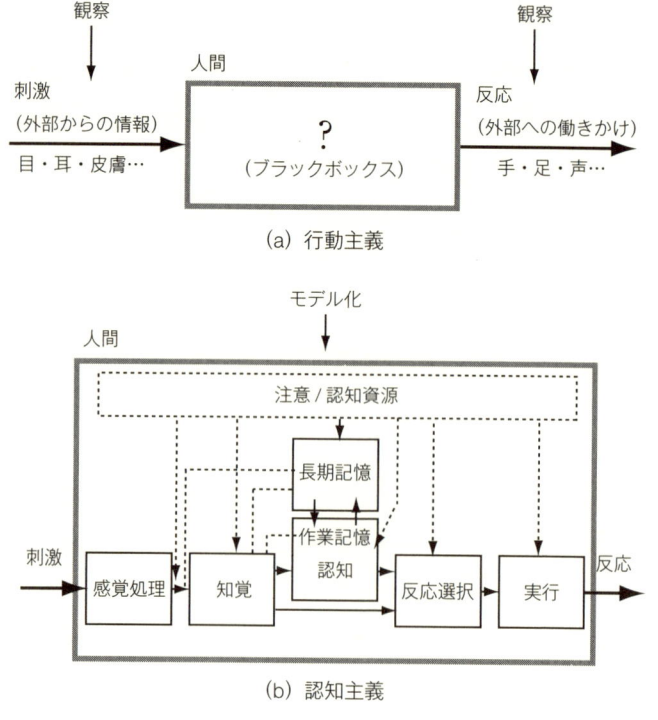

図 3.2　行動主義と認知主義

3.1 認知から感情へ：人間の合理性の時代と非合理性の時代

認知主義の心理学が認知科学（cognitive science）として一大潮流となり，工学や哲学など多くの分野に影響を及ぼすようになった一方，感情の研究は研究室における感情反応の実験などとして行われていた．興味深いのは，心理学における感情研究ではネガティブな感情のほうが研究対象として重視される傾向があったことである．これは 4.2 節で述べるように，感情，特にネガティブな感情が敵や危険を回避し，生物として生き延びることに重要な役割を果たしていたことを重視していたためと考えられる．ポジティブな感情の研究に脚光が当たるようになるきっかけの一つは，後述のように 20 世紀後半にマーケティング分野などで消費者心理を研究する重要性が叫ばれるようになったことといってよいであろう．

そのような感情の研究に，20 世紀の末，大きな転換点となる発展が見られた．一つは認知主義で成功したモデル化，特に計算モデルのアプローチを感情にも適用し，感情の「計算モデル」を開発しようというという試みである．もう一つは，ポジトロン断層法（positron emission tomography; PET）や機能的磁気共鳴画像法（functional magnetic resonance imaging; fMRI）などの技術の実用化により，脳の活動を高精細に観測することが可能となり，神経科学（脳科学）が飛躍的に発達したことである．これら二つのアプローチ，すなわちモデル化による解析的なアプローチと脳の直接観測による実験的なアプローチの両方が可能になったことにより，感情を科学的に研究する道は飛躍的に広がった．

そしてさらに，社会学分野から感情研究の必要性が叫ばれ始めたことも感情の研究を後押ししたといえる．Goleman (1995) は社会

の諸問題の根源に感情的要因を見いだし，人々が自身の感情を見つめ，「うまく」コントロールすることが必要であると主張して，emotional intelligence（いわゆる EQ）を提唱した．またマーケティング分野では古くから消費者心理についての研究が行われてきたが，fMRI 技術の発達により，実際に商品などのサンプルを提示したときの感情反応を直接観測できるようになった．このことにより，被験者の言葉による内観的報告に頼らない無意識の感情までを客観的に，かつかなり正確に研究対象にすることが可能になり，いわゆるニューロマーケティング（neuro-marketing）という方法論が確立されつつある．

　このような流れを基盤に，前世紀の終わりから今世紀初頭にかけて，感情研究は大きな研究分野となった．京都大学の藤田和生ら（2007）は，従来の人間の合理的な側面を研究した認知科学に相対する学問分野として，感情科学（affective science）を提唱した．藤田らによれば感情科学は認知科学を否定するものでも置き換わるものでもなく，人間の二つの側面を見つめる二つの学問として，互いに影響し合うべきものである．そして心理学以外の分野，例えば人間工学，工業デザイン，情報工学，建築学，社会学，言語学，歴史学，哲学などがこの分野の研究に近づき，学際領域を形成し始めている．例えば，第2章で述べた funology（Blythe, Overbeeke, Monk, Wright, 2004）は，「楽しい」という概念について考える学際的な研究分野で，哲学的な考察や心理学的な基礎研究ばかりでなく，どのようにしたら「楽しい」技術をつくれるか，という実践分野の研究も盛んに行われるなど裾野を広げている．

3.2 「アフェクティブ」とは何か

心理学分野では，感情全般を表す語として *affect* という語を用いる．感情を表す語には emotion（情動），mood（ムード，気分），feeling（フィーリング）などがあるが，affect はそれらを総称した概念として扱われる（ただし，これらの語の使い分けには心理学分野でも完全なコンセンサスが確立していないので，文脈によっては異なる使い方をされる場合があるので注意が必要である）．

affect という語は感情の状態一般を表すので，よい（ポジティブな）感情も悪い（ネガティブな）感情も両方含むことに注意してほしい．しかし，*affection* という英語の名詞は「優しい気持ち，親愛，好意，愛情」といったポジティブな意味に用いられる．この本で議論している「ユーザの感情を考慮した製品・サービス」とは，ユーザにこの affection を引き起こす，あるいはネガティブな affect を引き起こさないような製品やサービスといい換えることができるだろう．

この本では，「人に感情を引き起こすような」あるいは「人に引き起こす感情をよく考慮している」という概念をアフェクティブ（*affective*）と定義する．例えばアフェクティブな製品とは，「ユーザに感情を引き起こすような力をもった」あるいは「ユーザに望ましい感情を引き起こすように熟慮して設計された」製品ということになるだろう．またアフェクティブな人とは，英語の原義どおりであれば「感情豊かな人」，「やたら感情に走る人」という解釈もできるが，ここではやはり他の人の感情に重きを置いて，「他の人に感

情を引き起こす人」あるいは「他の人にどのような感情を引き起こすか熟慮している人」という意味で用いることにしたい．同様に，アフェクティブさ (*affectiveness*) とは，そのモノや人が「どの程度人に感情を引き起こす力をもっているか」あるいは「人に起こす感情をどの程度よく考慮しているか」という意味で使いたいと思う．

前述のように，affect はよい（ポジティブな）感情も悪い（ネガティブな）感情も含む．したがって，「アフェクティブな製品」がユーザに引き起こす感情にはポジティブな感情もネガティブな感情もあり得るということに注意が必要である．世の中の多くの場面で求められるのは「ポジティブにアフェクティブな製品」であると思われるが，一方ある特定の場面では「ネガティブにアフェクティブ」であることも必要とされるのも事実である．よい例がジェットコースターやお化け屋敷である．これは「恐怖」という本来ネガティブな感情をあえて起こすことによって，より高次の「爽快感」，「達成感」という感情を提供するという逆説的な技を使っている．あるいは広告を印象づけるためにあえてネガティブな感情を起こすように意図してデザインしたり，あるいは教育者や上司が教育的効果のためにあえてネガティブな感情を利用したりすることもあるだろう．しかしながら，ネガティブな感情は乱用すると人間関係を壊し，社会の雰囲気を悪化させる．よって，「ネガティブにアフェクティブ」であるためには，感情についての正しい理解と，相手の感情に対するより深い洞察と配慮が必要である．つまり実は，かなり高度なスキルを要求されるということを覚えておいてほしい．この

本では，特に断らない限り「ポジティブにアフェクティブ」な製品やサービスについて考える．

3.3 なぜ今感情が重要なのか：生物としての人と市場競争力と

21世紀に入って，学問分野で感情研究が盛んになったことは3.1節で述べた．しかし，なぜ今産業など実践の場で感情が重要と考えられているのか．もちろん一つの理由は，研究が発展し人間の感情について多くの知見が得られるようになっただけでなく，人間の感情の測定や実験など多くの調査や試みが可能になったことである．しかしそればかりでなく，社会と産業がそれぞれ「人間の感情」を求める時代になったと思われる．

現代の社会，特に都市部における生活についてたびたび指摘されている問題点は人間関係の希薄化である．家族と離れて一人で生活し，隣近所ともあまり密な付き合いがない．むしろ他人とのコミュニケーションを煩わしいことと考えて，それを避けるように生活を組み立てる．その結果，ネット社会で表面的には多くの人とつながっているように見えても，実際には人間関係が実質的に希薄化し，孤立感に苛まれる傾向が加速している．このような「空気の薄さ」から起こった凶悪犯罪も記憶に新しい．なぜ自らコミュニケーションを避けようとしながら孤立感に苛まれるか．それは人間がもともと社会的な動物であり，本能的に人間的なもの，人間的な接触を求めているからである．無機質なものからは人間ほど深い共感も感動も得られない．人間的なかかわりあいから得られる感情経験

への飢えが，現代人が感情的なものを求める一つの原因と考えられる．

　現代社会のもう一つの特徴が，自然の喪失である．特に都市部に生活していると，生活空間は金属と合成樹脂とガラスに囲まれていて，生物はもちろん自然由来の素材に触れる機会も多くはない．しかし人間は，太古の昔は自然環境の中で生きてきた生物であり，土を踏みしめ，草の上に寝転がり，木肌に触れ，緑の匂いを嗅ぎ，太陽を頬に感じ，動物の毛皮をなでる感触が，自分たちに心地よい「ほっとする」感情を生じさせることを体に刷り込まれた記憶が知っている．だから人々は，庭や屋内に植木を植え，猫や犬を飼い，皮革や木の小物を身の周りに置こうとする．このような，金属やプラスチックだけではない，生物としての自分が記憶している豊かで複雑な自然の質感と，それに触れる本能的な幸福感を人々が求めるようになったのがもう一つの要因と考えられる．

　そのような背景を踏まえ，産業も感情的な「質」を製品やサービスに求めるようになった．第2章で述べたように，20世紀に産業が競争しながら追求した安全性，高信頼性，機能性，そして高いユーザビリティは結果としてほとんどのコンペティタが十分高い水準を達成し，それに追従できなかったプレーヤーは市場から退場した．その結果，これらの質はもはやそれだけでは市場競争力として差別化できなくなり，産業は新たな競争力を求めるようになった．そのような流れの中で，合理性偏重の時代に低く見られていた「感情」は，ユーザにアピールする新たな「魅力的品質」の一つとして復権しつつある．第2章で述べたように，ポジティブな感情的経

験は，時としてその商品の欠点さえ補い，長期にわたる非常に強い顧客のロイヤルティを実現する．そのことを多くの企業が重点的な戦略として位置づけ始めたのである．

マーケティングの分野では，広告の効果や商品選好における人間の心理の重要性は古くから着目され，いわゆる消費者心理学やマーケティング心理学として研究されていた．広告の分野では「目立つ」広告を作るためにゲシュタルト心理学の知見や，注視点分析による人間の知覚プロセスの研究などが行われていたが，主に「印象に残る」，「訴求内容が確実に伝わる」という観点で，記憶を中心とした認知主義的な研究が主であったといえる．しかし4.1節で述べるような感情の測定法が確立すると，広告の与える感情反応をより直接研究対象とすることができるようになった．

さらに消費者行動の研究分野でも，価格や質などに基づく古典的な合理的選好関数ではなく，感情による選好を仮定するモデルが提案されるようになった．Chaudhuriら (1995) は，消費者の選好が合理的な思考 (reason) と感情 (affect) の両方によって決まること，そして商品の種類によってその二つの重要さのバランスが違ってくると主張し，Affect-Reason Involvement (ARI) モデルを提案している．ARIモデルの特徴は，どのような商品でも必ず感情はゼロではない一定の重みで選好にかかわると仮定し，むしろ合理的な思考が重要であったりなかったりと変化すると仮定していることである (図3.3)．これは，先に述べた脳の構造，すなわち感情をつかさどる脳幹が，合理的な思考をつかさどる大脳皮質と身体の神経系との接続を支配しているという構造と一致する考え方であ

る．そしてマーケティング研究が fMRI など感情の観測手法の発展と結びついて，いわゆるニューロマーケティングという潮流となったことは前述のとおりである．

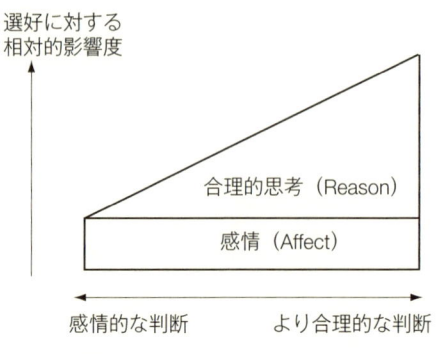

図 3.3　ARI モデルの概念図
(Buck, Chaudhuri, Georgson, Kowta, 1995 より)

3.4　感情を喚起する質：アフェクティブ・クォリティ

製品やサービスをアフェクティブにする，すなわち顧客やユーザにある特定の感情を想起させるようにする要因とは，いったい何だろうか？　古くから指摘されるのはデザインである．デザインは単なる色や造形にとどまるものではなく，良質の素材の選択や表面仕上げの技術，手にもったときの重さやバランス，柔軟性，あるいは可動部のトルクやクリック感，音，照明の明るさや可読性，待ち時間やユーザに与える情報の質と量，いかに効率的にしかも不快な思いをせずに目的が達成できるか，そして時には温度や匂いなど，どのような「質」を作り込むかのすべてを担当する概念がデザインで

3.4 感情を喚起する質：アフェクティブ・クォリティ

ある．そして上記の例からもわかるように，デザインの多くは単なる美観だけではなく，製造技術や調達，情報デザインやユーザビリティなどものづくりの多岐にわたる技術に支えられている．さらに，実際にその製品やサービスを手に入れるまでの期間の「あこがれ」を形成する広告やブランドマネジメント，逆に手に入れてからの満足感を高める様々なサービスも，顧客の感情反応に貢献する．

この本では，これら製品・サービスがもつ，顧客の感情的な経験に貢献する有形無形のすべての「質」をアフェクティブ・クォリティ（affective quality）と呼ぶ．アフェクティブ・クォリティは情報システムの質を表現する語として使われていたが（Zhang & Li, 2005），情報システム以外の製品，サービスに一般化して使うことにする．

我が国の製造業では「感性品質」という言葉が広く使われている．おそらくこの言葉の意味するところに最も近い英語が affective quality であると思われるが，以下のように考え方が異なる点もある［なお，日産自動車は感性品質の訳語として perceived quality を用いているが，質管理の世界ではこの語は知覚品質という別の（あるいはより広い）概念を表す語である］．

感性品質の定義は「感性によって評価される品質」（長澤，1999; 仁科，1994）など明確な定義がなく（棟近，三輪，2000），各社がそれぞれの意味で感性品質を使っているのが実情である．実は心理学分野では「感性」という用語はあまり使われない．そのため「感性」が何を測るのかを明確に定義するのが難しいことが，「感性品質」の定義を難しくしていると思われる．

各社の「感性品質」の実践を見ると，大きく分けて二つの概念を評価しているように思われる．第1は，製品やサービスのもっている性質や属性で，客観的・定量的な評価は難しいが，人間が感覚的に測定できるものである．「スポーティ」，「古くさい」，「スタイリッシュ」など「印象」として評価されるが，本来製品やサービス自体の属性であるものがここに含まれ，官能検査の延長上にあると考えることもできる．第2は，製品やサービスに接したときの人間の感情反応である．「心温まる」，「わくわくする」などは，それらの製品やサービスによって人（ユーザ，顧客）の心の中に起こされた感情であり，「印象」が原因であればこの「感情」は結果である．また，モノの属性の「印象」評価は同じセグメントに属す人であればある程度共通すると予想されるが，同じ対象を見ても感情反応は人により個人差が大きい可能性がある．4.1節で述べるように，アフェクティブ・クォリティを考えるときにはこの「原因」と「結果」を切り離して考えることが重要であるが，多くの「感性品質」はこれら両方を含んでいるように見える．

また感性品質の実践は，いくつかの例外を除いて主にデザインの質を評価する概念として使われることが多いように思われる．一方，アフェクティブ・クォリティは本節の冒頭に述べたように，美的な意匠だけではなく製造技術やマーケティング，ブランドマネジメントや顧客サービスなど，組織全体にわたる多くの活動の結果もたらされる有形無形のすべての「質」を指す．

このように，アフェクティブ・クォリティは一般に用いられている「感性品質」とは若干異なる考え方に拠っているが，一方感性品

3.4 感情を喚起する質:アフェクティブ・クォリティ

質の概念に非常に近い,あるいは感性品質の概念を含んでいるとも考えられる.この本では以降そのような意味でアフェクティブ・クォリティという言葉を用いる.

感性や印象とともによく使われる語として「印象語」があるが,前述のように,「感情」が人間の内部に起こった現象であるのに対し,印象はある対象を「感性的に」いい表す概念である.例えば,感性工学で用いられるような感性語・印象語は「洗練された」,「なつかしい」,「スピーディな」など,製品が自分に与える印象という,製品自体の性質あるいは属性をいい表す語である.それに対して感情語は「うれしい」,「悲しい」など自分の心的な状態を表す語である.感性や印象が人間の主観的な「感性的な」評価である,すなわち人間を一回通しているために混同されやすいが,あくまで対象のもつ一つの属性,性質である点に注意されたい.印象語と感情語の違いは,それぞれ感覚語辞典と感情語辞典(例えば中村,1993,1995)を見るとよくわかる.

アフェクティブ・クォリティについては,いくつかのモデルが考えられる.最も単純なものは,原因—結果モデル,すなわち製品やサービスがもつアフェクティブ・クォリティが原因となり,顧客やユーザである人間の中に感情反応を引き起こすというものである(図3.4).前述の感性品質との関係の議論でも述べたが,このモデルは,4.1節で議論するようにアフェクティブ・クォリティを評価しようとする場合に原因を測っているのか,結果を測っているのかの区別を明確にしてくれる.

Desmet(2003)は,製品の属性が感情に影響を及ぼす際に,

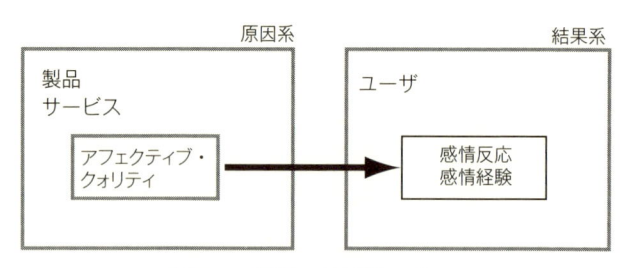

第3章 感情と愛着—affect から affection へ

```
        原因系              結果系
┌─────────────────┐   ┌─────────────────┐
│ 製品            │   │ ユーザ          │
│ サービス        │   │                 │
│ ┌─────────────┐ │   │ ┌─────────────┐ │
│ │アフェクティブ・│ │──▶│ │感情反応     │ │
│ │クォリティ   │ │   │ │感情経験     │ │
│ └─────────────┘ │   │ └─────────────┘ │
└─────────────────┘   └─────────────────┘
```

図 3.4 原因—結果系モデル

製品属性だけでなく，そのユーザ個人個人がどのように製品にかかわるか（concern）が影響し，その二つの結果から「評価」が生成されて最終的に感情をもたらすと仮定したモデルを提案した（図 3.5）．この「製品のかかわり方」には，その製品を用いて何をするのかという目的（goal），その製品に対してどのような考えや姿勢をもっているのかという態度（attitude），その製品群についてどのような要求や期待の水準をもっているのかという基準（standard）という三つの要因があると主張した．同様に評価には，新規性があるか（novelty），目的が達成されるか（motive compliance），楽しさを含んでいるか（intrinsic pleasantness），その製品の正当性・合法性（legitimacy），それを使うことがどのくらいの努力を要するのか，逆にどの程度確実に達成できそうなのか（challenge and promises）という五つの評価の次元があり，また結果として生じる感情にも，驚き（surprise emotions），機能的満足（instrumental emotions），美（aesthetic emotions），社会性（social emotions），興味（interest emotions）という五つの層があるという多層モデルを主張した．

3.4 感情を喚起する質：アフェクティブ・クォリティ　　57

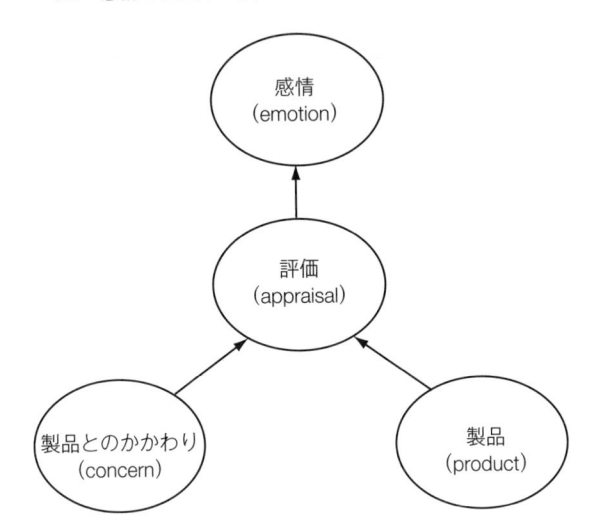

```
           感情
         (emotion)
            ↑
           評価
        (appraisal)
          ↑   ↑
   製品とのかかわり    製品
     (concern)    (product)
```

図 3.5　Desmet(2003)の製品が感情に影響を及ぼす
プロセスのモデル

ZhangとLi (2005) は，情報システムを対象としてアフェクティブ・クォリティを議論した．Zhangらはアフェクティブ・クォリティの次元や要因については議論しなかったが，アフェクティブ・クォリティが他の要因にどのように影響するかについてのモデルを提案した．ユーザが対象となるシステムについて知覚したアフェクティブ・クォリティが，システムが「使いやすい」(ease-of-use) と感じるか，またそのシステムが「役に立つか」(usefulness) という知覚に影響を与え，最終的にユーザがそのシステムを利用するかどうかに影響を与える因果関係について図3.6のようなモデルを提案した．このモデルは，本来合理的に評価できてもおかしくない使いやすさ（いわゆるユーザビリティ）や役に立つかどうかの知覚

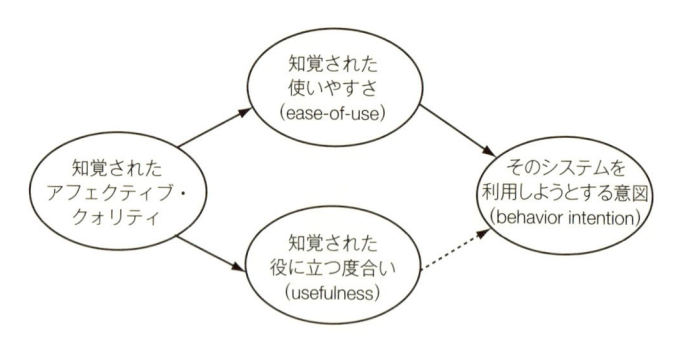

図 3.6 ZhangとLi(2005)のモデル

に，アフェクティブ・クォリティが影響を与えているという点に特徴がある．やはり合理的な認知は独立に存在するのではなく，感情の影響下にあるという考えを反映している．

アフェクティブ・クォリティは，現在のところ魅力的品質であると考えてよいだろう．しかし近い将来に，第2章で議論したユーザビリティのように，どのコンペティタも高いアフェクティブ・クォリティを実現するのが当然のようになり，一元的品質，さらには当たり前品質になる可能性は十分考えられる．このことについては第5章で再度考察する．

/コラム/

アフェクティブ・クォリティが本来の質である製品・サービス

本書では一般的な工業製品やサービスを念頭に議論しているが、世の中の製品やサービスの中には、わざわざ「アフェクティブ・クォリティ」などという言葉を使わなくても、その製品の本来の質が人に感情を呼び起こすことであるという製品・サービスは多く存在する．

製品で代表的なものは食べ物であろう．もちろん宇宙食や非常食、補助食品など特別な性能が優先的に要求される食べ物もあるが、多くの人が求める食べ物の第一の性能（質）は「おいしい」ことだろう．食べておいしいと感じる、良い香りがする、見た目が美しいと感じるというのはすべて基本感情であり、人々は自分の感情経験のために食べ物を選び、購買しているといっても過言ではない（もちろん結果的に本来の目的である生命維持に必要な栄養を摂取しているのではあるが）．図 3.3 の ARI モデルでも、感情の比率が大きい商品の代表は食べ物である．

当然のことながら（上に挙げた特殊な用途のものを除いて）まずい食べ物は売れない．だから食べ物のアフェクティブ・クォリティは図 2.1 の分類でいえば既に「魅力的品質」ではないといえるだろう．しかし一方で、人は素晴らしくおいしい食べ物には喜んで大金を出す．したがって、まだ「当たり前品質」にはなっておらず、おそらく「一元的品質」に分類されると考えられる．

サービスの分野にはアフェクティブ・クォリティがその中核となる競争力であるものは多い．ホテルなどの接客業では、もちろん宿泊する場所を提供するといった機能も重要ではあるが、その一方で顧客にどのような感情経験を提供するかのウェイトが非常に大きいことは容易に理解できる．

純粋にアフェクティブ・クォリティのみがサービスを構成する極端な例がエンターテイメントだろう．例えば落語や漫才を聞きに行く人は、腹の底から笑うという感情経験を得るためだけに対価を支払って

いるのである.

　このように「アフェクティブ・クォリティ」などという新しい言葉をもち出すまでもなく,昔から顧客の感情と丁寧に向かい合って成り立ってきた製品やサービスは数多くある.しかし一方で,機能性優先でそれほど重視してこなかった製品・サービスがやはり多数あるのも事実である.そしてそれらは,アフェクティブ・クォリティの価値に目を向けさえすれば,実は多くを学ぶことのできる先達が世の中にたくさんある,ということである.

第4章 アフェクティブ・クォリティを読み解く考え方とツール

4.1 アフェクティブさの評価

4.1.1 原因系と結果系

アフェクティブな製品やサービスを開発するためには，評価，すなわち「その製品やサービスがどれだけアフェクティブか」を評価するものさしが欠かせない．しかし，この評価は必ずしも容易ではない．一つの理由は，評価されるべきものは製品・サービスであるのに対し，アフェクティブの本来の意味の最終的なターゲットが「人間（ユーザ）の感情」である，すなわち一度ユーザを通さないと効果が確認できない点である．もう一つの理由は，人間の感情を測定，特に客観的に測定することが困難であったということによる．

ここでは，製品やサービスのアフェクティブさを測るという目的を，「製品・サービス自体がもつアフェクティブさのポテンシャルを測る」という段階［図 4.1(A)］と，「結果としてユーザにどのような感情が想起されたかを測る」という段階［図 4.1(B)］に分けて考える．

図 4.1 に示すように「アフェクティブさ」の本質は，本来製品やサービスがもつ「アフェクティブ・クォリティ」が，人間（ユー

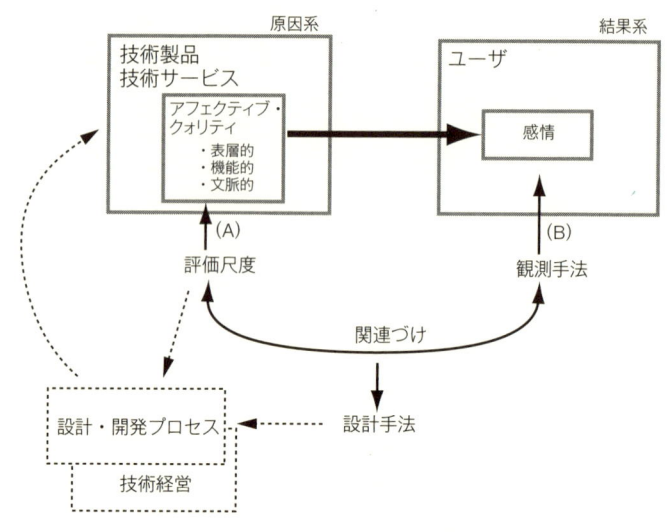

図 4.1 原因の評価と反応の評価

ザ）の中に感情的な反応（「感情反応」）を引き起こす現象と理解することができる．

原因系であるアフェクティブ・クォリティはさらにいくつかのグループに分けることができる．ここでは「表層的（surface）アフェクティブ・クォリティ」，「機能的（functional）アフェクティブ・クォリティ」，「文脈的（contextual）アフェクティブ・クォリティ」の三つに分類して考える．

「表層的アフェクティブ・クォリティ」は，人間が直接触れることができる製品・サービスと，人間とが接するインタフェースに存在する属性を指す．例えば美的な意匠，表面の仕上げや感触，音や匂いなどが含まれる．

それに対して「機能的アフェクティブ・クォリティ」は，直接表面には現れないが，製品が本来の機能として実現する質を指す．例えば，自動車の加速特性などはこれに含まれると考えられる．この二つのカテゴリの線引きはいつも明確とは限らない．ここではその創出のアプローチや評価方法の違いの観点からこの両者を対比しながら考える．

もう一つのカテゴリである「文脈的アフェクティブ・クォリティ」は，製品やサービス自体の属性ではないが，その空間的・時間的周辺に存在して人々と製品・サービスとのかかわり (engagement) に影響を及ぼす様々な質の総称である．例えば，実際に製品に触れる前の広告などの顧客コミュニケーション，あるいはオーナーズクラブなど製品の所有や使用の幅を広げる場などは，製品そのものではないがその製品のもたらす深い感情経験に貢献する「原因」側の要因の一つと考えられるため，このカテゴリに分類される．

実践上多くの場合，最終的に評価したい対象は製品やサービスなど「原因系」である．しかし，アフェクティブ・クォリティの本来の目的は，「結果系」であるユーザに，意図した特定の感情が生じて初めて達成されたといえる．したがって，製品やサービスを直接対象とする評価は，どの要因がどのような感情を引き起こし得るかが明確になって初めて意味をもつ．そのような要因と感情反応の関係のうち，いくつかは心理学的な基礎研究や実践での経験的知識として明らかになっているものもあるが，多くは経験則や推定の域を出ない．よって実際には，そのようなクォリティ要因の候補をピッ

クアップし,それらがどのような感情反応にどの程度結びつくかを検証していく作業の積み重ねが必要となる.

4.1.2 原因系：製品・サービスの評価

　原因系の要因の中には,定量的尺度が確立しているものもある.例えば意匠や仕上げ(表寸法及びその比,角のR,面の光沢やテクスチャなど),材質(柔らかさ,柔軟性,伸びなど),操作感(ノッチのクリックの荷重,ボタンの重さやダンピングなど),機能性(振動,加速性など)などが挙げられる.機能的アフェクティブ・クォリティの多くは機能設計のパラメータとして定量的に表すことができる.これらは「最適な」値,すなわち目的とする感情反応を呼び起こすことのできる値が事前に(実験により,あるいは経験値として)知られていれば,それを目指して設計すればよいことになる.

　一方,測定器等を用いて客観的に測定し定量的に表現することが難しく,しかし人間はその「質」の違いを感じ取ることができるような要因もある.例えば自動車の排気音の「胸躍るような」音などは,音の大きさや周波数分布は測定することはできるが,「胸躍る」周波数分布のすべてのパターンを包括的に知ることは難しい.したがって,最終的に「胸躍る」度合いは人間の耳の評価に頼らざるを得ない.つまり,これらは人間による評価(主観評価)に大きく依存するのである.

　人間による主観評価は,ある目的となる基準があらかじめ与えられ,その水準に達しているかどうかを判断する官能検査と,その対

象(製品・サービスやその部分など)がどのような印象を与えるかを比較的自由に評価する感性評価に大きく分けることができる.官能検査は,例えば「最も心地よい」排気音を出すマフラーを最終的に人間が判断する場合などが挙げられる.一方感性評価は,例えば感性工学(長町, 1989)のプロセスの中などで見られるように,対象がどのような印象(イメージ)を人々に与えるかを,感性語(あるいは印象語,感覚語)と呼ばれる形容詞(新しい,スポーティ,洗練された,など)を用いて評価する.いずれの場合も,主観評価であるがゆえに個人差の影響を考慮しなくてはならない.

個人差を扱う一つの方法は,サンプル数を大きくしてサンプル内のおおまかな共通傾向を抽出するように試みることである.例えば商品のターゲットセグメントが20代女性であれば,そのセグメントから多くの評価者を採用し,平均や標準偏差など統計処理をして20代女性のおおまかな共通傾向を探るというアプローチである.もう一つの方法は,逆に評価を行う人を,その評価に信頼がおける特定の個人に固定してしまう方法である.例えば自動車のマフラーの音の評価はこの人に頼む,と決めてしまい,その人の耳が選んだマフラーを選ぶというアプローチである.

文脈的アフェクティブ・クォリティは,対象となる製品・サービス自体ではなく多種にわたるうえ,多くの場合無形であったり常時存在しなかったりするために評価が難しい.4.4節で紹介するようなフレームワークを用いてどのような要因がどの時点でかかわってくるのかを把握したうえで,要因の種類に応じた評価尺度を採用したり,それらの要因がどのような感情の側面に対して影響を及ぼす

のかを同フレームワークで分析したりといったアプローチが有効と思われる．

4.1.3 結果系：感情反応の評価

アフェクティブな製品・サービスの本来の価値は，ユーザである人間にどのような感情反応を生じさせたか（あるいはさせなかったか）である．したがって，評価の対象となる製品・サービスのアフェクティブさを測定するには，実際にユーザに生じさせた感情反応を評価するのが最も直接的な考え方である．

人間の感情反応は，身体反応，行動反応，認知反応といった複数の反応が複合したものである．そして心理学の分野ではそれらに対応して，生理指標，行動観測，主観評価という複数の観点からの測定手法が開発され用いられてきた（北村，木村，榊，2006）．

生理指標の長所は，主観評価のようにそれが自己報告に基づかないために，自分が意識していない感情を含めて客観的に測定できる，すなわち「体は正直」ということである．一方で生理指標のみに基づいた場合は，ヴェイレンス（valence）や覚醒水準（arousal）など，感情を構成するプリミティブな因子しか推定できないという限界をもつ．ヴェイレンスとは感情価とも呼ばれ，その感情がポジティブなものかネガティブなものかという次元を表す軸である．一方覚醒水準（覚醒度）は身体の活動レベルを表す軸で，身体活動が活発に喚起されたり興奮したりという状態は覚醒水準が高く，逆に眠っている状態は低い．図4.2はヴェイレンスと覚醒水準の2次元空間に基本感情を配置してみたものである．この2軸で主要な感

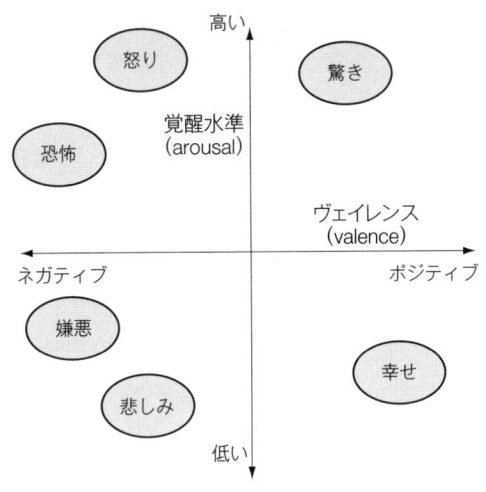

図 4.2 感情の 2 次元モデル

情を特徴づけられるという感情の 2 次元モデルという考え方が古くから提案されている．

生理指標として用いられるのは，心拍数，皮膚電位反応，脳波 (electroencephalogram; EEG)，PET や fMRI などの神経画像法である (北村, 木村, 榊, 2006). 心拍数はポジティブ・ネガティブとも強いヴェイレンスによって速くなり，皮膚電位反応は覚醒水準の高まりに伴って上昇する．また脳波は覚醒水準に伴って変化し，さらに感情喚起に対して特定のパターンが観測されることが知られている．しかし，これら生理指標の短所は，感情以外の人体の状態の影響を受けるため，感情による指標の変化を分離しにくいこと，そしてヴェイレンスや覚醒水準以上の解釈，すなわちそれがどのような感情（怒り，喜びなど）なのか，なぜその感情が喚起されたのか

（例：過去の経験を思い出した）などの解釈が困難なことである．

　近年の fMRI 技術は，脳の活動の精細な位置を観測することを可能とし，かつ PET のように被曝の心配もないため，人間が様々な活動をしている間に脳のどの部分が活性化しているかを詳細に調べることを可能とした．感情についても，様々な感情を喚起する刺激を提示してそのときの脳の活動の観測結果との関係を慎重に調べることにより，様々な感情の種類を客観的に観測することが可能となると期待されている．ある製品を提示し，その製品に対してポジティブに思っているか否かを fMRI などを使って観測しようとするアプローチが，いわゆるニューロマーケティングである．

　行動・表情も生理指標と同様，当事者が意識していない感情を客観的に表すものとして期待される（北村，木村，榊，2006）．中でも表情筋の運動（苦痛のときに眉毛を下げる皺眉筋の収斂，笑顔をつくる頬骨筋の収斂など）は，感情研究によく用いられる．また，嫌悪刺激を提示されたときに瞬きが生じる驚愕眼瞬反応は信頼性の高い指標である．

　感情は行動にも変化を起こす．強い感情を感じていると行動の速度が変化することが知られている．例えばネガティブな感情を感じていると作業の能率が低下するため，これを利用して作業パフォーマンスをストレスや悲しみを測る指標として用いることがある．また，感情は認知プロセスにも影響する．例えば，そのときの感情と一致した情報は一致しない情報よりも選択的注意が向けられやすい．このような性質を利用して認知作業のパフォーマンスも感情測定の指標として利用されている．

4.1 アフェクティブさの評価

また全身を用いた身体的な感情の表現から，人間はどのように感情を読み取るかという研究もなされている（例えばWallbot, 1998; de Meijer, 1989; Montepare, Koff, Zaitchik, & Albert, 1999など）．身体の動作をビデオ撮影して画像解析したり，あるいはセンサを用いて行動速度やパターンを分析したりすることで，そこから感情を抽出しようという研究もある．しかし，日本人のように身体的表現が大きくない場合，あるいは実生活の文脈の中でなく実験室などでターゲット製品に対する反応を測定しようとする場合にどの程度有用かについては疑問がある．

主観評価は感情の測定方法として最も広く用いられている方法である（北村，木村，榊，2006）．主観評価の最大の利点は，方法が簡単でしかも被験者への負荷が比較的小さいことにある．またこれまで述べたように，生理指標や表情・行動の分析は無意識の感情を客観的に評価できるという利点がある反面，ヴェイレンスや覚醒水準以上の感情の細やかな区分や，感情が何によって引き起こされたかなどに関する情報までは与えてくれない．これらを詳しく調べたいときには主観評価に頼らざるを得ない面がある．

主観評価の基本は，自分が現在感じていることの自己報告を求めることである．大きく分けてインタビューや自由記述など自由回答を求める場合と，あらかじめ用意された評価項目をスコアリングする評価スケールを用いる方法があり，目的によって使い分けるか，あるいは両方を組み合わせる．自由回答は，測定者が予想していない広い範囲での回答が得られるなど，豊富な情報量が期待できる一方，その解釈が難しかったり，複数の被験者の回答を統制するのが

難しかったりという短所もある．そのような場合には，評価スケールのような構造化された方法を併用する．また自由反応の語彙を分析するために，テキストマイニングなどの手法を利用するのも一つの方法である．

製品・サービスなど原因系の主観評価に使われる語が，感性語（印象語，感覚語）という製品・サービスを表す語であったのに対し，感情評価には感情語（例えばうれしい，わくわくなど）という，自身の感情を表現する語群を用いる．これらの語彙を，反対の意味を表す二つの語を対にしてスケールの両端に配置してそのどちらに近いかを多段階でスコアリングする SD（semantic differential）法，あるいは一つの語を提示してそれがどの程度当てはまるか（全く当てはまらない〜とてもよく当てはまる，など）を多段階評価するリッカート（Likert）法などを用いる．

しかしながら，主観評価にはいくつか注意すべき限界がある．第一に，主観評価は自分の感情を自分で認知した結果（例えば「自分は今『うれしい』と感じている」という認識）を報告するのが基本であるため，自分が意識していない，体が感じている無意識の感情を正確に報告していない（報告できない）可能性がある点である．第二に，被験者が自分の感情が研究対象になっていることを知ってしまうと，自分の感情に対する意識が高まり，行動や対象に対する態度が修正されてしまう可能性がある．第三に，感情語を用いる場合にはその解釈に個人差が存在する可能性もある．主観評価を用いる場合にはこのような限界があることを意識し，必要であれば他の方法を併用することを検討すべきである．

4.2 本能的(visceral)感情と内省的(reflective)感情: 二つの感情の層

製品・サービスなどに対する感情を考える場合に，私たちが「感情」と考えているものの中にはいくつか質の異なるグループ（あるいは「層」）があることを意識しなくてはならない．

Norman (2004) は，私たちの頭の中で行われている情報処理は大きく分けて三つの異なるレベルの処理プロセスに分けられ，しかも互いが影響し合っているというモデルを提案している（図 4.3）．従来の認知科学・認知心理学分野で考えられていた私たちの情報処理，特に計算や言語処理，問題解決など合理的な認知プロセスは，主に行動的 (behavioral) プロセスと呼ばれる，中央に位置するレベルの処理と考えられている．タスクの遂行や，ユーザビリティなどはこのレベルの仕事と考えられている．一方，行動的プロセスの下位レベルには本能的 (visceral) プロセスと呼ばれる，人間の原始的，本能的な処理を司るプロセスが存在し，恐怖や快楽など基本

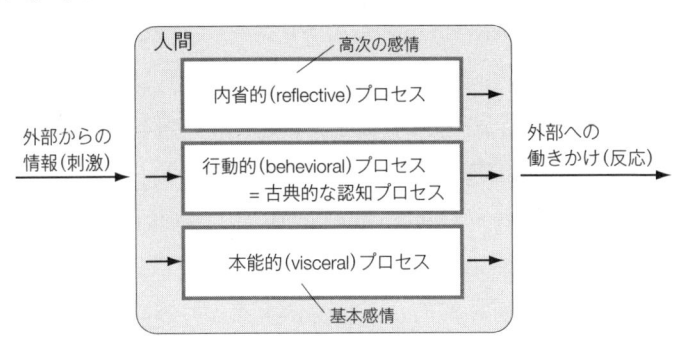

図 4.3 Norman(2004)の情報処理プロセスの3レベルモデル

的な感情はこのレベルで処理されていると考えられている．一方，行動的レベルの上位には内省的（reflective）なプロセスと呼ばれるレベルが存在し，自分の価値観や思い出，道徳など単なる合理的な判断よりも上位の処理を司っていると考えられている．そして，実は私たちが「感情」と考えているものは，最下位レベルの本能的プロセスによる基本感情の処理と，最上位レベルの内省的プロセスによる高次の価値判断の両方から成り立っているとNormanは主張している．

このような，感情や喜びをいくつかのレベルに分けてとらえる考え方は，他の研究者の主張にも見られる．例えばMinsky (2006) は，本能的反応（instinctive reactions），後天的反応（learned reactions），熟考（deliberative thinking），内省的思考（reflective thinking），自己を反映した思考（self-reflective thinking），自身の価値観に基づく内省（self-conscious reflection）の六つのレベルからなるモデル（"Model Six"）を提案している．このうち本能的反応のレベルはNormanの本能的レベルに，自身の価値観に基づく内省のレベルはNormanの内省的レベルにそれぞれ相当していると考えることができる（後天的反応のレベルがNormanの本能的レベルに，自己を反映した思考がNormanの内省的レベルに対応するかどうかは議論の分かれるところであろう）．

また，Jordan(2000)は喜び（pleasure）を，生理的喜び（physio-pleasure），心理的喜び（psycho-pleasure），社会的喜び（socio-pleasure），観念的喜び（ideo-pleasure）の四つのレベルに分類している．このうち生理的喜びはNormanの本能的プロセス，社会

4.2 本能的感情と内省的感情：二つの感情の層

的喜びと観念的喜びはともに Norman の内省的プロセスとそれぞれほぼ類似の概念を示している．このように多くの研究者が，名称や分類の細分化の度合いこそ違え，本能的な基本感情と，価値観や道徳など高次な感情・満足感などを分けて考えているという点で共通の主張をしている．本書では，以後 Norman の本能的レベルと内省的レベルを例として参照しながら，この二つの違いをさらに詳しく考える．

本能的レベルは，進化の早い段階で確立された，生物としての基本的な反応にかかわる処理である．脳の中では最も古い脳幹から大脳辺縁系の部分が，身体のほかの部分の神経系と連携して働いていると考えられる．その処理は，無意識に働く自動化された高速な処理である．このレベルの処理は，例えば敵と対峙したときに体を緊張させ，目の前の対象だけに注意を集中させて逃げる準備をする，酸っぱい匂いや苦い味の食べ物を吐き出す，あるいは心地よいときに身体をリラックスさせ創造的なことを考える，など人間が生物として生き延びることに直結した（したがって，多くの場合「考えて」いては間に合わない瞬時の判断にかかわる）活動に密接にかかわっている．したがって感情という観点から見ると，「恐怖」，「嫌悪」，「喜び」など基本感情を司るのがこのレベルと考えられている（心理学分野では非自己意識感情とも呼ばれる）．また，Gibson (1983, 1986) のいう直接知覚（ダイレクト・パーセプション：direct perception），すなわち人間を含む生物は，環境から取り入れた情報に意識的に意味づけを行って考えて行動するのではなく，無意識に自動的に環境情報を処理しそれに応じた行動をとって

いるという生物の自動化された処理プロセスも，このレベルと関係
していると考えられる．

　本能的レベルは，人間の生物としてのより根源的なメカニズムで
あるため，多くの人々の間で共通した性質を共有していると考えら
れている．心理学の感情研究も，主にこのレベルの基本的な感情
（喜び，悲しみ，怒り，恐怖，嫌悪，驚きなど）を対象にしてきた．

　一方，内省的レベルの処理は，合理的な認知プロセスである行動
的レベルの上位に位置し，行動的レベルを上からモニターする位置
づけにある．認知科学でいうところのメタ認知とほぼ同じ概念であ
ると考えられる．脳の中では最も後に発達した新皮質の部分で行わ
れると考えられている．

　内省的レベルは，行動的レベルで行われている合理的な認知処理
に対して，自分自身の価値観（value system）や経験・思い出，
あるいは道徳的・倫理的観点と照らし合わせ，タスクやそのタスク
が対象としているもの，あるいは自分の認知プロセスの働き具合を
継時的に評価し，必要であれば変更を加えると考えられている．し
たがって，例えば合理的に考えれば高々数百円のプラスチックのお
もちゃでも，それが昔の大切な思い出を呼び起こすものであれば，
その人にとっては貨幣価値には換算できない価値をもつかもしれな
い．あるいはある特定のブランドに対する熱狂的な憧れやロイヤル
ティなどもこのレベルの働きによると思われる．

　本能的レベルの感情が生物の生理的機能に直結した基本的なもの
であったのに対し，内省的レベルに関する感情は，対象を高いレベ
ルで理解すること，さらに自分自身の価値観と照らし合わせてその

価値を評価することを伴う．自己の意識や観念に照らし合わせた，という意味で心理学分野では自己意識的感情と呼ぶこともある．美術作品に込められたメッセージに対する深い感動，つくり手のこだわりに対する共感，あるいは倫理的・人道的に問題のある行為に対する怒りなどがここに含まれる．本能的レベルと違い，無意識ではなく対象を意識し，なぜそのように感じているのかを意識上で認識しているのが特徴である．

本能的レベルの感情の性質，すなわちどのような対象・状況に対してどのような感情が起こるかが多くの人に共通していると考えられるのに対し，内省的レベルの処理は，一般に大きな個人差の存在が予想される．個人の価値観の違いはもちろんのこと，例えば国や文化，宗教などが違うと，同じ対象に対しても感じ方が大きく異なる可能性がある．同様に性差や世代差，又は経済的地位など，あらゆるレベルのインスティテューションの違いによっても差が生じる可能性がある点に注意が必要である．この問題については5.4節で再度議論する．

4.3 感情は「非合理的」か？

本書を通じて要所要所で，理性や認知プロセスの「合理性」に対し，感情を人間の「非合理的」な側面と対比させて議論してきた．しかし感情は本当に「非合理的」なのだろうか？

これについては，京都大学の遠藤利彦が感情の「非合理性」について，いくつかの例を用いて興味深い議論をしているのでぜひここ

に紹介したい（遠藤，2007）．遠藤によれば，感情は「顕在的には非合理的（に見える）かもしれないが，潜在的には合理的」なのである．

例えば，信頼していた友人と全く予想もしない大げんかをしてしまい，悲しみあるいは怒りのあまり翌日締切りの仕事に全く手を付けられなくなったとする．翌日までに仕事を終わらせなくてはならないというのが合理的な優先順位であれば，それができなくなった原因である感情を「非合理的」であると恨むかもしれない．しかしこの場合，感情が「非合理的」に見えるのは，それに先立って存在していた「仕事」という事実に対してだけであり，感情の直接原因となった友人とのかかわりに視点を移せば，この悲しみや怒りという感情は，友人との関係修復に意識を集中させ，結果的に大切な友人との関係を修復してくれるかもしれない．つまり「けんか」という当該事項については全く合理的なのである（「先行事項に対する非合理性・当該事項に対する合理性」）．

また，山道で紅葉狩りをしていて，突然笹の葉がガサガサと揺れたとしよう．あなたは熊が出たかと思って恐怖で身構え，そこから脇目も振らずに走って逃げたとしよう．後になってそれが熊ではなかったとわかったとき，紅葉が全く見られず，また全力で走ってたいそう疲れ，損をしたと思うかもしれない．しかし，その日の出来事だけを見ればムダだったかもしれないが，万が一熊に襲われたときの生命の危険を考えれば，そのリスクを最小限に食い止めたほうが長い目で見ればより長く生き延びたり，その種がよりうまく繁殖したりするうえで有利になる可能性が高い．すなわち，合理的であ

4.3 感情は「非合理的」か？

るということになる（「短期的視点から見る非合理性・長期的視点から見る合理性」）．

さらに，私たちが自分の強い感情がからむ行動を非合理的だったと考えるとき，例えばあのとき怒りに駆られていなければもっと別のやり方を選んだのにと後悔するときは，たいてい後になってからである．しかし，何かを判断しなくてはならないときに考える時間や必要な情報が十分にあるときには，感情はあまり生起しないものである．強い感情が生じるときは，前述の熊の例のように，非常に限られた時間と情報のもとで瞬時に判断を迫られるような場合であって，「後になって」十分いろいろな状況が見えて，十分時間をかけて「反省」したときの判断と合理性を比較しても意味がないはずである．むしろ感情は，そのような時間と情報が限られた状況で，自己の生存や他人を含む環境との関係の観点から，よいと思われる選択肢を瞬時に選び出してくれる処理と考えられる（「理想的環境における非合理性・現実的環境における合理性」）．

以上の遠藤の議論に見られるように，感情は，社会的動物である人間にとっての環境適合度を高めるという意味での「合理的」な意思決定を瞬時に「考えるよりも早く」行ってくれる機能であると考えられる．感情が「非合理的」と考えられてきたのは，この「社会的動物である人間にとってよいこと」とは別に，我々が理念的な合理性の基準（例えば明日までの仕事や金銭的な損得など）をもっていて，それらとの齟齬が生じたときの不都合をいっているにすぎないと考える．感情は「人間としての自分にとって必要なもの，危険なもの」を正確にいい当てている，といえば，思い当たる節があ

る人がたくさんいると思う．本書の中で「合理的」，「非合理的」とかっこ付きで書いてきたのは，実は感情は人間にとって十分合理的な機能であると考えているからである．

4.4 ユーザ・エクスペリエンスの中の感情をとらえる四つのスレッドと六つのフェーズ

人は例えば製品に対し，いつ感情を抱くのか？「その製品と対面したとき」と考えている人が多い．もちろん「一目惚れ」は，製品に抱く感情の中の主要なものであることは疑いない．しかしその製品を買って，使い込めば使い込むほど愛着がわくというものもあるだろう．旅の思い出の品は，旅先で出会ったときよりも，帰ってきて年月が経てば経つほど，それを見るたびに強く深い感情を引き起こすだろう．このように，製品と出会ってから（あるいは出会う前から），実際に使い始め，もしかすると長い時間をかけてつきあう過程の中でその製品との関係が形成される．このプロセスをユーザ・エクスペリエンス（ユーザの経験；user experience；最近ではUXと略す場合もある）と呼ぶ．なお中島（2008）は，ユーザ・エクスペリエンスの訳語として「おもてなし」という言葉を提案している．これはユーザ・エクスペリエンスの理想型の一つとして，ユーザを「もてなす」あるいは「気持ちのよい上質な経験を提供する」ことを掲げるという点では，本書と目指すところは同一である．しかしユーザが経験することは，ポジティブなものだけではなく，また質も多様である．この点で「おもてなし」はユーザ・エク

スペリエンスの概念の範囲のすべてを代表していないことに注意されたい．

前述したように，感情は製品やサービスとのかかわりの一時点で生じるものではなく，それらと出会いつきあう時間の様々な時間の中で生じ，しかも各時点で異なる感情が生じることもある．よってユーザ・エクスペリエンスの考え方のように，時間軸を考慮してとらえる観点が必要である．WrightとMcCarthey (2004) は，主に技術 (technology) を用いた製品やサービスを利用する際のユーザ・エクスペリエンスをとらえるフレームワークを提案している．このフレームワークは，ユーザが技術とつきあう時間を六つの段階(フェーズ)に分けてこれを横糸に，さらに経験をその質の違いごとに四つのスレッド (thread) に分類してこれを縦糸にしている．このフレームワークの概念を図示すると図 4.4 のように表すことが

	期待の (anticipaing) フェーズ	接触の (connecting) フェーズ	解釈の (interpreting) フェーズ	熟考の (reflecting) フェーズ	価値評価の (appropriating) フェーズ	詳述の (recounting) フェーズ
構造化 (composition) スレッド						
感覚的 (sensual) スレッド						
感情的 (emotional) スレッド						
時空間 (spatio-temporal) スレッド						

図 4.4 Wright と McCarthey(2004)のユーザ・エクスペリエンスのフレームワークの概念図

できる．

スレッドは，エクスペリエンスをその質の違いから分類したものである．構造化（compositional）スレッドは，起こった出来事の理論的，合理的な理解や判断に基づく経験である．例えば経済的に価値のあるものか，やりたいことが効率的に行えたか，あるいは使いやすかったか（ユーザビリティ）などはこのスレッドであり，Normanの行動的レベルのプロセスにほぼ対応すると考えることができる．

感覚的（sensual）スレッドは，その名のとおり感覚的な経験で，視覚，聴覚，触覚など五感で感じた経験，及びその結果として導かれる美しい，心地よい，恐ろしいなど人間の基本的な感情が含まれる．おおよそNormanの本能的レベルの処理と対応していると考えられる．

感情的（emotional）スレッドは，人間が内的に経験する感情的な経験である．WrightとMcCartheyは基本感情と高次の感情を明確に分類していないが，例えば懐かしい，感動する，共感するなどの高次の感情がこのスレッドに分類されること，4.1節で述べたように基本感情は感覚への入力からほとんど無意識に瞬間的に想起される不可分のものであることから，このスレッドは主にNormanの内省的レベルに相当していると考えてよいと思われる．

時空間（spatio-temporal）スレッドは上記の三つのスレッドに比べ独特で，時間や空間を感じるような経験，と定義づけられている．例えば夜乗用車を運転し，好きな音楽をかけながら心地よいドライブを楽しんでいるときなどに，時間を忘れて楽しみ

に没頭したとしたら，それはこのスレッドの経験かもしれない．Csikszentmihalyi（1990）は，他の何もかも忘れて，音楽の演奏やスポーツなどの活動に没頭する状態をフロー（flow）と呼び，人間にとって最も生産的でかつ喜びにあふれた瞬間であると主張したが，そのような状態の経験はこのスレッドに関係しているかもしれない．

これらのスレッドは互いに排他的，すなわちある一時点でどれかのスレッドの経験をして他のスレッドの経験はないというものではなく，同時に複数のスレッドの経験が並行して起こり得る．そして時として，複数のスレッドで相反する経験をすることもあり得る．例えば，「頭で考えればこの機械は使いやすくしかも高価な，よい機械であるということはわかるのだけれども，感覚的になんとなく好きになれない」ということはあり得る．これがユーザ・エクスペリエンスを複数のスレッドから評価する必要性である．

一方，ユーザ・エクスペリエンスを時間方向に，対象とのかかわり方の違いによって区分したのが，六つの段階（フェーズ，ステージ）である．

期待（anticipating）の段階は，まだ対象と直接接触していない段階で，広告を視聴したり，カタログを読んだり，あるいは他の人から評判を聞いて製品・サービスに対する期待を膨らませている段階である．また，ある目的を達成するために複数ある選択肢を調べ，比較検討している時間などもここに含まれる．

接触（connecting）の段階は，実際にその製品やサービスに初めて接した段階である．いわゆる「第一印象」を形成する段階で，デ

ザインや大きさ,匂いなどで瞬間的に感覚に訴えることでその対象に対する基本的な印象を形成する,短時間ではあるが重要な段階である.

解釈(interpreting)の段階は,実際にターゲットである製品やサービスを使ってみて,それがどのような成り立ちをしているのか,どのような仕組みでどのような機能をもっているのか,なぜそのような感覚を感じるのか,などを理解する段階である.

続く熟考(reflecting)の段階では,その製品やサービスがトータルとしてどのようなものなのか,よくできているのかできていないのか,どのような価値をもっているのかを評価する.注意すべき点は,この段階での評価は「性能のよい車である」,「多機能なウェブサイトである」,「高級感あふれるデザインである」,「価格に見合った質である」など,その対象の客観的な評価であり,自分自身にとっての評価は次の価値評価(appropriating)の段階で行われると考えられていることである.「この車は高級感があって乗り心地もよい.でも自分はもっとスポーティな車がよいから自分には似合わない」ということはよくある.したがって,客観的な評価と自分にとっての評価は分けて考える必要がある.

前述のように価値評価(appropriating;自分への適用)の段階は,その製品やサービスが自分自身にとって価値があるものか,ふさわしいものかを評価する段階である.自分自身の価値観などに照らし合わせて,客観的な,いわゆる「世間の評価」とは別に自分にとっての価値があるかどうかを判断する段階である.主観的な感情が判断の基準になることが多いと思うが,例えば「自分の経済状況

ではこの製品は高価すぎる」という合理的（compositional）な評価もあり得るだろう．

最後の詳述（recounting）の段階は，自分がその製品やサービスを使ってみた経験を身の周りの人に語り，感想を伝えたり推薦したり，しなかったりする，いわゆる「口コミ」の段階である．そしてある人のこの段階によって，その製品のことを知った別の人が製品に興味をもち，近い将来ちょっと見にいこうか，とまた第1の期待（anticipating）の段階からスタートすることになるかもしれない．

WrightとMcCartheyのフレームワークを用いると，本能的な基本感情と高次の価値観に基づく感情など感情の質的側面別に，ユーザが時間の経過とともにどのような時点でどのような経験をするか，時間とともに（感情的）経験がどのように変わるかをとらえることができる．屋敷田（屋敷田，梅室，2006）は，消費者が様々なデザインの香水瓶を手に取ったときにどのような印象を経験するかを，このフレームワークを用いて分析した．図4.4の期待のフェーズ以外の4スレッド×5フェーズのそれぞれのマス目に該当する質問紙を作り，初めて香水瓶を見た段階，手に取ってみた段階，と段階別にユーザの経験を主観評価してもらった．その結果，図4.5に示すように各フェーズ，各スレッドでユーザが感じる印象はいくつかの意味をもったまとまり（因子）になることが明らかになった．さらに，「贅沢感を与える瓶のデザインは」，「ユニークで面白いと感じる瓶のデザインは」，「使い勝手がよいと感じる瓶のデザインは」など，ある特定の印象を与える瓶を作るためには，瓶のどの

第4章 アフェクティブ・クォリティを読み解く考え方とツール

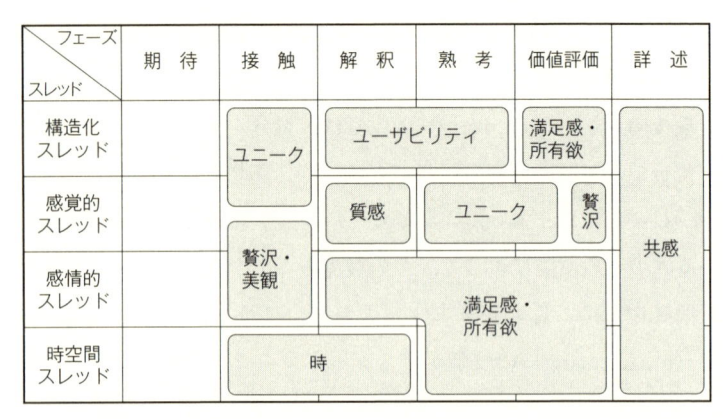

フェーズ\スレッド	期待	接触	解釈	熟考	価値評価	詳述
構造化スレッド		ユニーク	ユーザビリティ		満足感・所有欲	
感覚的スレッド			質感	ユニーク	贅沢	共感
感情的スレッド		贅沢・美観		満足感・所有欲		
時空間スレッド		時				

図 4.5 香水瓶のユーザ・エクスペリエンスの分析の例
(屋敷田, 梅室, 2006)

デザイン要素をどのような値にすればよいかというガイドラインを得ることもできた.

5.2 節では, この Wright と McCarthey のユーザ・エクスペリエンスのフレームワークを用いて, アフェクティブ・クォリティの経験について考察する.

/コラム/

ネガティブにアフェクティブな製品

　第3章でも述べたとおり，アフェクティブという言葉は「感情を引き起こす力がある」という意味であり，引き起こされる感情には良いものも悪いものもあり得る．ポジティブにアフェクティブな，すなわち良い感情経験を提供してくれる製品をつくるのはなかなか難しい一方で，ネガティブにアフェクティブな，すなわち嫌な感情を引き起こす製品は意外とたくさん身の回りに見つけることができる（なおここでは「ネガティブにアフェクティブ」を純粋に「ネガティブな感情を引き起こすような」という意味で用いており，そのような感情を起こすことを狙った，という意味ではないことに注意）．

　代表格はパソコンだろう．さすがに OS がいきなりフリーズして止まるということは滅多になくなったが，アプリケーションは依然として突然落ちたり，そこまでひどくなくても意図したように動いてくれなかったり，あるいは勝手なことをしてくれたりすることは日常的にある．パソコンのキーボードに拳を叩き付けて Microsoft 社の前 CEO の名前を怒鳴りつけるアメリカ人もいたりする．それに現在のキーボードとマウス，そして GUI をベースとしたインタフェースは作業の目的に対して必ずしも最適でないばかりでなく，長時間の使用で健康に悪影響を及ぼすことも多々ある．いまだにパソコン教室やハウツー本が売れているのは，裏返していえばパソコンそれ自体では操作方法がわからないからだ．これは依然として高齢者をパソコンから遠ざける主要な要因の一つである．Norman が『*Invisible Computer*』(Norman, 1998) でいい切っているように，現代のパソコンは理想型とはほど遠い未完成の段階にあることには多くの異論はないであろう．このパソコンの使いにくさ，わかりにくさが生むネガティブなアフェクティブさは，程度の差こそあれ他の多くのハイテク機器に共通して見いだすことができる．

　しかし使いにくさ，低いユーザビリティがいつもネガティブな感

情につながるかというと必ずしもそうとは限らない．Norman は『*Emotional Design*』(Norman, 2004) でバイオリンについて議論している．バイオリンは音を出す，音楽を演奏するという目的を容易に達成できる道具ではない．良い音を出すためにはある一定以上の技量が必要で，それを習得するために一般には長年にわたる訓練が必要である．しかし，だからといってそのバイオリンの「使いにくさ」を理由にバイオリンにネガティブな感情をもつバイオリニストは少ないだろう（習いごとを始めさせられたばかりでレッスンに行きたくない子供などはそうかもしれないが）．それどころか弾けば弾くほど，その「使いにくい」楽器に深い愛着をもつ人が多い．

製品のどんな性質がどのような感情を人々にもたらすかは，決して単純ではない．単に良い素材を使って美しいデザインをした，ユーザビリティの高い製品をつくればよいかというと決してそうではないだろう．まだまだ研究し明らかにしなければならないことが多いが，その過程で常に必要とされるのは，人間はどのようなときにどのような感情を抱くのかという深い洞察である．

第5章 アフェクティブ・クォリティをつくり出す
—デザインからブランド戦略まで

5.1 「感性品質」の先端企業：アフェクティブ・クォリティの成功事例として

本章ではアフェクティブ・クォリティを実際につくり出すために，実践ではどのようにしたらよいのかを考える．そのためにまずは，いわゆる「感性品質」に取り組む先端企業の事例を研究し，そこからどのようなことを学べるかを考える．

「感性品質」は，第3章でも触れたとおり厳密な定義がなく，現状では各社それぞれ独自の取組みをしている．したがって，各社重点を置いている分野も方法論も様々であり，業種や企業を横断的に見ていくこととにする．まずは自動車会社（マツダ，日産，レクサス），そして家電製品メーカ（東芝，プラマイゼロ）の事例を紹介する．なお，次の5.1.1項から5.1.4項までの記述は，2007年冬に各社に行ったインタビュー（西山，2008）に基づく．

5.1.1 マツダ

マツダのロードスターは，一貫して「人馬一体」という感性品質のコンセプトを堅持している．これは流鏑馬の射手と馬が心を通い合わせるように，ドライバーの思いどおりに車を操ることができ，

運転する楽しみを実現することを表している（貴島, 2007）．このコンセプトはユーザ調査などではなく，開発メンバー自らが多くの車に試乗する中で見つけたものである．

ロードスターの開発チームが最初に行ったことは，この「人馬一体」というコンセプトを開発メンバー全員で十分に共有することである．1台の車の開発には数千人がかかわる．ねらいとする感性品質のコンセプトを達成するには，開発メンバーがコンセプトを共有，理解しなければならない．そのため，メンバーを集めてコンセプトを構築するまでの背景やその具体的内容を理解するためのセミナーを開催したり，コンセプトの概要やその達成のためのメンバーの思いが描かれたカタログを作成して配布したり，コンセプト実現のための具体的な項目を明文化し視覚的に表現したチャートを作成して掲示したりといった取組みを行った．また，言葉にするのが難しいコンセプトを感覚的に理解するために，目指すところと近いコンセプトをもつ既存の車（他社のものも含む）を用意していつでもメンバーが触れられるようにし，感覚的なリファレンスとした．

コンセプトを実際の設計に反映させるプロセスは，大きく分けて三つの段階からなる（貴島, 2007）．まず基本性能の決定の段階では，コンセプトの実現に必要な車両の軽量化，重量配分，車両重心位置など機構設計が行われる．この段階での感性の具現化は60～70％である．次のシミュレーション解析の段階では，他社製品の分析データとの比較が行われる．アクセルやブレーキを踏み込んだときのレスポンス，ハンドリングのスムースさ，スポーティなサウンドなどが解析される．この段階での感性の具現化は90～95％

になる．最後の「匠」による評価の段階では，多くの部品が複雑に影響し合った結果発生する「人馬一体」の感性を，「匠」と呼ばれる熟練ドライバーが実際に試乗して検証する．何万点もの部品の組合せやバランスを操ることができるのは，これまで多くの車を運転し，その仕組みを熟知した匠だけである．匠の評価を経て，感性の具現化は 100% となる．

マツダでは，開発プロセスとは別に，「クラフトマンシップ」と呼ばれるグループによって基礎的な研究が継続的に行われている．クラフトマンシップは三つの概念から成り立っている（図 5.1）．一番基本となるのは全体のまとまり，操作性，操作感などを細部までつくり込むことである．そのうえに機能を美しくつくり込むこと，さらに最上位にユーザにわくわくしてもらう楽しさを実現するのがクラフトマンシップの概念である．

クラフトマンシップでは，感性的なものを含む多くの項目を工学的に解析し，数値的に評価できる仕組みを作り上げている．その独自の評価点はクラフトマンシップスコアと呼ばれ，他社の製品も同様に客観的に評価することができる．クラフトマンシップの成果

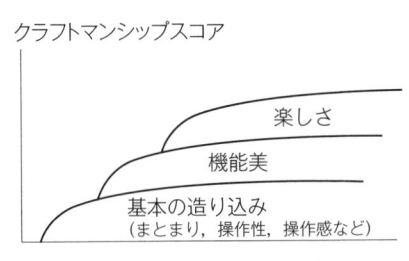

図 5.1 マツダのクラフトマンシップの三つの概念

は，ねらいとする感性と，それに対するユーザの印象，それを達成するために必要な部品や技術を表した表として体系化されており，開発プロセスで大きな貢献を果たしている．

5.1.2 日産自動車

日産自動車は，1999 年にフランスのルノー社から perceived quality（PQ）の活動を導入した．PQ とは，感性品質評価の方法論であり，ブランドイメージ向上の有効な方策の一つでもある（片岡, 2007）．社内での活動は 2000 年からスタートし，物入れの形状やスイッチの操作感，表皮の触り心地など主に静的車両評価を対象としている．一般的に，perceived quality の訳語としては「知覚品質」が知られているが，PQ の活動は知覚品質より複雑かつ高度なレベルの品質感を取り扱うものであり，感性に訴えかける品質感を目指すという高い志をもつという意味もこめて「感性品質」と訳すことにした．今日日産自動車の PQ では，「お客様の視点で，見て，触って，使って感じる品質感のよさ」を目指している．現在は，ルノー社から導入した方法論を社内で改良し，ルノー社とノウハウを共有している．また，PQ はデザイン本部の中に位置づけられており，デザイナーやエンジニアなど様々な分野の人間が集結して構成されている．

PQ で扱っている感性品質の特徴として，各々の部分が相対的に評価されるという点がある．従来の質は数値によって各々を一義的に評価することができるのに対して，感性品質はそれぞれが相対的に影響し合っているので，たとえ 99％を完璧に仕上げられていて

も残りの1%が不十分であれば全体の評価が大幅に下がってしまうことがある.さらに,一つひとつが完璧であっても,それらを組み合わせると評価が下がってしまうこともあり,全体的なバランスやコーディネーションを考慮することが必要である.このような感性品質を評価する際に,日産自動車のPQでは以下の七つの観点を用いている.

1. 内装と外装の調和
2. 色と素材のコーディネート
3. 革新的技術とその特徴作り
4. 形・デザインの一貫性
5. 部品の合わせの統一感とバランス
6. 性能・人間工学の操作時の感覚
7. 装備の充実感

このようにPQは,顧客に違いに気づいてもらうための特徴作り,一つひとつの部品など細かい部分への配慮から全体の一貫性までを考慮しながら活動している.

日産自動車のPQが最終的に目指しているのは強力なブランドを築き上げることである.それは,基本的な機能・性能といった当たり前品質を十分に確保したうえで,魅力的品質を向上することによって顧客の心の中にエモーショナルバリューが構築され,それを継続することによってブランドイメージが向上していくのである.

日産自動車では,感性品質の設計は,企画から生産,販売まで一貫した方法論を用いている.しかし感性品質は時間とともに変化するものであるので,その変化に応じて設計手法も臨機応変に改善し

ている.この設計手法は,「ターゲット設定」,「PQ 評価」,「PQ 発売後調査」の三つの段階に分けることができる.

「ターゲット設定」では,競合車や顧客のニーズなどを調査し,設計の目標値の設定を行う.自社・他社を含む周辺の自動車のベンチマークを行い,それによって現在の顧客のニーズや優先性を調査する.それと並行して,約4年後を見据えた将来性や魅力性の調査も行っている.使用する素材,材料に対するマテリアル評価もここで行う.さらに,常に変化する顧客の好みを把握するために,PQ センシティビティ調査も行っている.これらを踏まえたうえで,数値で具体的に表すもの,競合車の写真などを用いて相対的・視覚的に表すもの,コミュニケーションによって伝えられるものなど,様々な形で目標値の設定を行う.

「PQ 評価」では,試作の段階で設定した目標値を達成できているか何度も評価しフィードバックを行う.この評価は,大きく分けて,デザインが凍結する前のモデル評価とデザインが決定した後の量産評価の二つがあるが,自動車が出来上がるまでには,紙の上で行うデザイン,粘土を用いて作るモデル,さらに試作と多くの段階がある.これらの過程で何度もすべての部位を評価し,その結果を受けて再度作り直すということを繰り返しているのである.評価には,独自の採点方法を用いており,それによって目標値を達成しているかということを確認することができる.

また設計の際に,抽象的なコンセプトを実際の仕様へと展開するために様々なリファレンスツールを利用している.ルノー社が開発した触覚のサンプルツールはその一つであり,様々な素材の見た目

や触り心地を確認することができ，チーム内でコンセプトを共有するためにも有効である．また，デザインを行っている建物内の廊下やギャラリーには，デザインのヒントとなるようなディスプレイが施されており，眺めていると感性を引き出されるような工夫がなされていると同時に感性のリファレンスとしての機能も果たしている．

最後は発表発売後に実際に顧客に自動車を見てもらい意見を聞いている．日産自動車のブランドを隠して，競合車とともに顧客に比較をしてもらい，自分たちのねらいがどの程度お客様に伝わっているのか，顧客はどのように評価しているのかを確認する．そしてそれらを次の製品開発へとつなげるのである．

開発体制においては「商品企画」と「デザイン」，「エンジニア」の各ジェネラル・マネジャーが同列に位置づけられており，デザイン志向や技術志向になることなく，バランスの取れた開発を行うことができる．PQ はデザインの中に位置づけられているが，デザインのトップはブランドマネジメントのトップも兼ねているので，ブランドレベルでの感性品質の設計も可能であると同時に，経営戦略の中にもきちんとコミットできる体制になっている．

5.1.3　トヨタ自動車（レクサス）

レクサスブランドでは，感性品質を考える際に「ブランド」の概念を非常に重視している．トヨタ自動車が考えるブランドとは，企業側の一方的な政策ではなく，単に顧客の認識だけでもなく，企業と顧客の双方向の歩み寄りによって成立するものである．ブランド

が企業に対して果たす役割は,通常より高い価格帯でより多く売ることができる,あるいはそれによってビジネスを広げることができるという機会創出であり,一方顧客に対しては,そのブランドの商品を所有することによって自分のステイタスを明確にすることができ帰属意識を満足させることができる,あるいは信頼できるブランドの商品を安心して購入できるという,より高い顧客満足を挙げることができる.このような企業と顧客の双方向の相乗的な関係が成立することによりブランドが構築される(楠田,2007).

このようにブランドとは企業と顧客の信頼関係が構築できて初めて成立するものなので,顧客が期待する基本性能を満たすことは必要条件である.しかし,現在市場に出回っている多くの製品は基本性能に大きな差はなく,デザイン(見た目)やこだわり(蘊蓄)などに代表される「感性」の領域でブランドとしての違いを見出すことが必要となる.レクサスブランドが対象とする感性は「一律に定義しにくいもの」,すなわち評価にあたり数値化が難しいもの,客観的ではなく主観的に評価されるもの,絶対評価ではなく相対評価されるものである(楠田,2007).

現在のレクサスブランドの提供価値の一つは「おもてなし」というキーワードで表すことができる.この「おもてなし」の考え方は,1989年に米国でレクサスブランドがスタートしたときに導入された2方向からのアプローチに源流をもつ.一つ目は米国トヨタが行った販売面でのアプローチであり,顧客に商品についてきちんときめ細やかに説明するなどの日本流の「おもてなし」の姿勢を米国流に解釈して導入した.二つ目は,すべての性能に徹底的にこ

だわった商品の開発である．単に性能面で競合車を上回るだけでなく，スピードが出せて燃費もよい，静かで軽いなど普通では相反することを達成することにこだわった．例えばスピードが出る車は，短期的には顧客に楽しんでもらえるけれど，長時間の運転では疲れてしまう．しかし，とても静かでスピードも出る車ができたら，これは「おもてなし」につながる．これを実現するために設計の根本的な見直しや，商品開発段階での試作や作り込みを通常の倍行うことなどにより，すべての性能に徹底的にこだわった商品を開発することに成功した．

このレクサスブランドを日本国内に導入する際には，さらなる工夫が重ねられた．海外でのレクサスの強みは静粛性であったが，それだけではいずれ通用しなくなる．そこでレクサスの提供価値を「『ときめき』と『やすらぎ』に満ちた感動の時間の提供」であると定義した．静かさ（＝やすらぎ）だけでなく，ドキドキや楽しみなどのときめきを付加し，さらに「時間」を提供するというところまで拡張した（伊勢，2007）．

また，日本国内での販売店のサービスは，自動車だけでなくすべての業界の中で「おもてなし」のトップを目指すことを目標とし，ホテルやデパートなどの接客業の調査も行った．顧客からの評価は「大変満足（最高評価）」だけにこだわった．このように米国でのレクサスブランドスタート時の「おもてなし」を進化させ，さらに新たな提供価値を定めるなど，日本国内導入時にブランドの再構築を行ったのである．

実際の商品の開発においては，車種ごとの個性を出しながら全体

としてブランドとしての一貫性と統一感を保つようにしている．これは，従来のプレミアムブランドであるメルセデス・ベンツやBMW などとの差別化をし，「こんな個性があるからレクサスを買った」と思ってもらえるようにするためである．これらを達成するために，デザイン哲学として"L-finesse"（Leading edge の L と finesse の造語），開発思想"I.D.E.A.L."（Impressive, Dynamic, Elegant, Advanced, Lasting）を掲げている．

レクサスブランドでは，このようなブランド作りを図 5.2 のような体制で行っている．グローバルデザイン統括部では，L-finesse のようなデザイン哲学を扱っている．商品開発本部内に，トヨタブランドとは独立した形でレクサスセンターが存在し，さらにその中に，ZL，レクサス企画部，レクサスボディ設計部，レクサス車両性能開発部などがある．レクサス企画部は，ブランド全体を取りまとめる役割を担っており，レクサスとしてのブランドの幅を決定し，専用部品の発注やレクサスが具備すべき要件である"LEXUS MUSTs"の設定などを行っている．ZL には各車種のチーフ・エンジニアがおり，そのほかの各部では担当部分の設計，評価を担当している．図 5.2 のように，チーフ・エンジニアと各分野の双方からアイデアを出し合い，またブランドレベルではグローバルデザイン統括部やレクサス企画部が全体を取りまとめていることにより，車種ごとの個性を出しながら，ブランド全体としての統一感を保つことができてくるのである．

商品を開発する際には，周囲の競合車を認識し自分たちの立ち位置を確認するためのベンチマーキングに加え，営業部による市場評

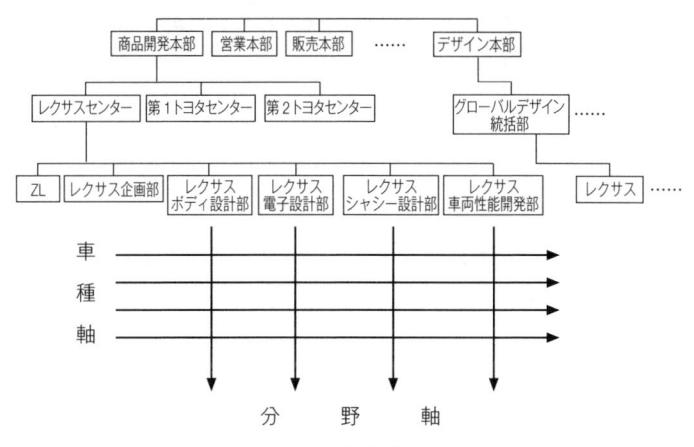

5.1 「感性品質」の先端企業：アフェクティブ・クォリティの成功事例として

図 5.2 レクサスの組織体制(2007 年当時)

価を行い，これらを参考にしつつ自分たちのブランド思想と照らし合わせて顧客の期待値を超える（beyond expectation）ように設計目標を設定する．設計目標はできるだけ数値的に決定するようにしているが，数値で表すことが難しいものはベンチマークによって相対的に決定している．

設計における重点（こだわり）は，「おもてなし」にもとづいて「見て触る＝お客様が評価するところ」を選択・集中する．例えば，ライトの光り方（welcome のおもてなし）は，顧客が車のドアを開けるとランプが足元を照らし，車に乗ると室内灯が点灯し，次にサイドレバーのランプが点くというように順番にランプが点灯していくことで，歓迎のおもてなしを表現している．

コンセプトをチーム内で共有するために，レクサスカレッジという研修会を設けている．そこでは，レクサスだけでなく競合車にも

試乗することで,自分たちのこだわり,あるいは顧客の期待値をきちんと超えているということを実感として理解してもらっている.

　感性品質の評価は 2 種類ある.一つ目は,官能評価により数値的に評価できるものである.シート表皮の触り心地や見た目の質感など,主に静的なものが対象である.これは,レクサス車両性能開発部内の人間工学的な研究を行っているレクサスマインドグループが担当している.二つ目は好みが関与する数値的には表現できないもので,走り感など動的なものが対象である.これらの評価を一人の人物(レクサス「走り」のマイスターと呼ぶ)が行い,マイスターそのものを MUST にすることにより,一貫性を保っている.このようなものをブランドとして統一することを,動的感性一貫性と呼んでいる.また,車全体の評価としては,社長までが出席する全社会議である商品評価会議を行っており,立ち上がって約 1 年の車の収益や顧客の評価などを総合的に評価し,次のモデルチェンジはどうするべきかなどということも話し合っている.

5.1.4　東　芝

　東芝では,21 世紀に入ってから感性品質への取組みを本格的に開始した.当初は感性品質とはどのようなものであるのかという議論を行いながら,各々のデザイナーが考える感性品質を製品に実現したが,デザイナーごとに自分の感性で製品のデザインを行ったために全体的な方向性という点でまとまりに欠けた.そこで,各デザイナーが考える感性品質や人の心に訴えるデザインとはどのようなものかを調査し,その結果を分析することにより東芝としての感性

品質をまとめた.

　調査の結果,デザイナーが考えるデザインは,3段階に分類できることがわかった.一番基礎となる段階は,表現されるデザインの要素である.デザインの美しさ,バランス,統一感,存在感,シンプルさ,素材感,感触,完成度がこの段階に含まれる.第2段階はデザインの表現によってもたらされる感情的なものであり,誇らしさ,うれしさ,心地よさ,安心感などがこれに相当する.第3段階は,上記二つの段階の上位に位置するものであり,こだわり,意外性,遊び心などがこれに含まれ,これらはどれか一つが飛び抜けて達成されると,他の欠如している要素をも補う力をもっているとされている.

　東芝は,このデザインの3段階のうち感情的なものとその上位のものを感性品質と位置づけている.また,感性品質の中でも特に第3段階の最上位に位置するものを「感動品質」と呼んでいる.ユーザの心に響くデザインとは感動品質をもったものであると考え,これが東芝が最終的に目指すところと位置づけている.

　製品において第一印象はとても重要であり,第一印象で認めてもらうことができなければ,購入の対象となることができない.したがって,デザインが果たす役割はとても大きいといえる.デザインは色や形に限られるものではない.表面の仕上げや素材感など五感に訴える要素,使用感など操作性要素,また,企業としてのメッセージを伝えることもデザインの役割である(東芝グループのデザイン,2007).

　さらに,デザインやそれによって引き起こされる感情には,さら

なる力があるのではないかと考える．例えば，携帯電話やパソコンを使うことに抵抗がある高齢者が，デザインの美しさによってその心理的障壁が取り除かれ手にしてみようという気持ちになることや，デザインの美しさや楽しさによってユーザのモチベーションを喚起させることができるのではないかと考えている．しかし，デザインの効果を定量的に裏づけることは難しい．このため，デザインの価値を測ることができる指標や，その効果を示す客観的な証拠を探求している．

東芝では，原則的に一つの製品は一人のデザイナーがデザインを担当する．ユーザに対する調査とデザイナー自身の経験から製品のコンセプトが生まれると，コンセプトを感性的な言葉で表す．例えば「かっこいい」，「精緻感」，「明快さ」などで，これらの言葉はデザイナーとしての経験の蓄積や，日常的に自然と取り入れている情報から感覚的に生み出される．

コンセプトや感性語を実際のデザインへ結びつける工程でも，デザイナーとしての経験や能力が大きな影響を与える．色や形は，デザインの原則を踏まえつつ，コンセプトをどのように表現するか，こだわりをどこに価値として出すかを考え決定していく．

デザイナーはまた，新素材，塗料，表面処理の技術などについて自らが常に勉強し，試作や検証も行っている．それらから得られた知識によってコンセプトや目指す感性に合う手触りや塗装の質感について決定していく．このように，東芝での感性品質は，デザイナーの知識や経験の蓄積によって生み出されている．

5.1.5 プラマイゼロ

プラマイゼロは，残念ながら直接取材することができなかったが，前出の4社が大手メーカであったのに対しいわゆるデザイン・ベンチャーであるなど，独自の特徴を多くもつ企業であるため，同社ホームページ（http://www.plusminuszero.jp）から得られる情報や雑誌記事（日経デザイン，2006）などを参考に研究してみたい．

プラマイゼロは，家電製品を中心としたデザイン・ベンチャーとして2003年に設立．その社名にも込められた「『モノが本来あるべき必然の姿』を見つけ出し，ほんとうに必要な機能だけをその中におさめること」をデザインの方向性として製品を発表し続けている．

同社の製品は決して派手で自己主張するものではない．同社を代表する製品の一つとなった加湿器（図 5.3）や電気ジャーポット（図 5.4）に見られるように，一見ありふれた形の中にユニークさがある．しかし，「見たことないはずなのに，すっと腑に落ちる」と表現されるように，日常の行為や生活空間の中に違和感なく溶け

図 5.3 プラマイゼロ社の加湿器

図 5.4 プラマイゼロ社の電気ジャーポット

込む奥ゆかしいユニークさが同社の製品の神髄である．したがって，同社の製品の与える感情は激しい（覚醒度の高い）感情ではない．「心の奥底でぼんやりと，あるいは無意識に『欲しい』と感じていたモノが，実際のカタチとなって目の前に現れた感じ」という，静かでささやかではあるがしっかりとした「幸せ」である．

　プラマイゼロ社の製品のデザインの特徴は外見だけでなく，使ったときの小さな楽しさや喜びに対するこだわりにも現れている．例えば電子計算機 M（図 5.5）は一見普通の電卓だが，まず表示板に自然な傾きが付いていて机の上でさりげなく見やすい．そして各キーを押してみると，指の感触が独特であることに驚く．キーを叩いている間，「柔らかく不思議な感触をもったもの」を押す楽しさを感じながら計算ができる．それでいて押し間違いなどはまずない．しかし，同じテンキーを使ったコードレス電話機のキーの感触は全く異なり，こちらはキーを確実に押したことが硬めのクリックで確認できるなど，各製品に応じた最適の「感触」を採用していることがわかる．

図 5.5 プラマイゼロ社の電子計算機

　また，2.5R シリーズと名づけられた 58.5 mm × 58.5 mm × 29.3 mm の手のひらに収まるサイズの直方体に時計，温度計・湿度計，タイマーなど異なる機能を詰め込んだ製品群は，一見して普通の四角いケースに入ったシンプルなデバイスである．しかし，ケースの角の 2.5 mm の R は，昔の木製品の角の「面取り」が使い込まれてだんだん丸くなり手になじんだときのサイズがだいたい 2.5 mm であることから決められたという．実際に製品を手にして手の中で転がすと，角の R が手のひらにあたる感触がコロコロとして心地よい．いつまでも手の中にもっている楽しみを味わっていたくなる．

　電子計算機や 2.5R シリーズの「楽しみ」や「喜び」は，実際に商品を手にして使ってみないと味わうことができない．単に見ただけではわからないかもしれないし，広告などでメッセージを伝えることはできても店頭で試してみなければ実際にはわからない．したがって，これらは単に見た目の印象で訴求するデザインとは異なり，実際にそれらの商品を手にしたユーザに「幸せな」感情経験

を提供するためのデザインということができる．それはささやかな「幸せ」ではあっても，その製品を長く，文字どおり「手元」に置きたいと思わせる性質の「幸せ」である．

プラマイゼロ社のこれらアフェクティブ・クォリティに対する取組みについて特徴的なのは，まずデザイン・ベンチャーという企業の性格から，これらデザインを通じてユーザに提供する価値を，経営上の重要な価値基準としていることである（これについては第6章で詳しく議論する）．さらにプロダクトデザイナーの深澤直人が，一貫してデザインあるいはデザイン監修にコミットしていることにより，すべての製品ラインにわたって一貫したメッセージを貫き，なおかつ細部の仕上げ（電子計算機のボタンの感触など）にも徹底的にこだわったレベルの高い製品群を実現している．

デザイン・ベンチャーであるためにプラマイゼロ社は製造を外注しているが，製造を担当する企業とも時間をかけて自社が求める水準を伝達し，満足できる製造技術が達成できるまで付き合って育成する，という過程を踏んできた．例えば前述の加湿器は，その滑らかなボディには継ぎ目が一切ないが，これは金型から取り出したポリカーボネートを何工程も研磨してやっと得られる仕上がりである．最初は製造を担当した企業が満足できる仕上がりにすることができず，全工程で職人が満足できるスキルを習得するまで時間をかけて付き合い，「トレーニング」をしたという（日経デザイン，2006）．こうして時間をかけて製造を担当してくれる企業との関係を構築したことにより，この加湿器のように強いメッセージをもつデザインを製品として送り出すための製造技術をプラマイゼロ社は

獲得した．

5.2 アフェクティブ・クォリティがもたらす感情経験

5.1 節で見てきた事例の中には，ユーザに提供する感情的な価値あるいは経験（エクスペリエンス）について，いくつか性質の異なる要素が含まれていることがわかる．そこで上記の事例，さらに他のいくつかの製品やサービスを研究した事例について，4.4 節で説明した Wright と McCarthey（2004）のユーザ・エクスペリエンスのフレームワークに当てはめて考え，まとめてみると図 5.6 のようになる．

製品やサービスが提供する感情経験は，それらを実際に目にする

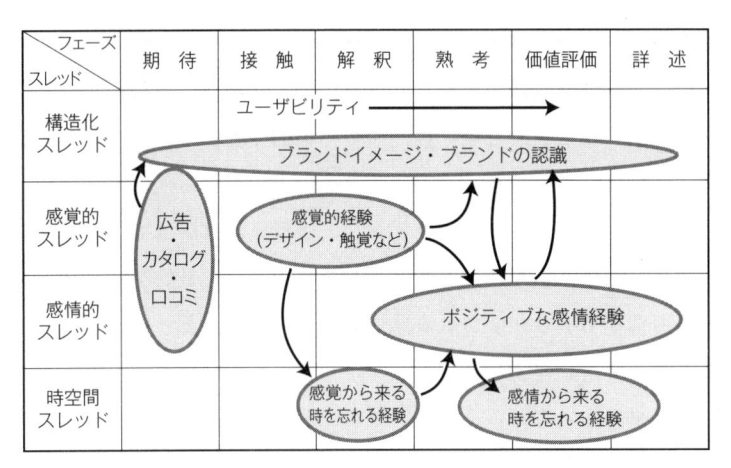

フェーズ＼スレッド	期待	接触	解釈	熟考	価値評価	詳述
構造化スレッド		ユーザビリティ →				
		ブランドイメージ・ブランドの認識				
感覚的スレッド	広告・カタログ・口コミ	感覚的経験（デザイン・触覚など）				
感情的スレッド				ポジティブな感情経験		
時空間スレッド			感覚から来る時を忘れる経験	感情から来る時を忘れる経験		

図 5.6 アフェクティブ・クォリティがもたらすユーザ・エクスペリエンスの概念図

以前から始まっている．カタログや広告など企業の顧客コミュニケーション，あるいは専門誌の記事，インターネット上の情報や口コミなどで，その製品の姿すら発表になっていないのに既に胸を躍らせて想像したり期待していたりすることはよくある．これは期待の段階である．この段階から，個々の製品の実物とは独立に，顧客はブランドに対するイメージや価値を自分の中に形成し始めることがある．

そして実際に製品やサービスに出会い，その目で見て手にとって使ってみる，すなわち接触と解釈の段階ではまず五感を通じたメッセージを受け取る．製品の外観や肌触り，匂い，そして自動車ならそれを運転したときの加速感や振動，静寂性などが総合的な感覚として体験される．店の雰囲気なども感覚的な経験に寄与するだろう．それらは解釈されて熟考の段階で理性的な評価を形成することもあるが，一方で感情が想起される，すなわち感情経験となり，例えば「幸福感」，「満足感」という感情的な評価へとつながる．また店員とのやりとりや心遣いは，深い感情的な評価に直接つながると考えられる．

事前の顧客コミュニケーションなどで形成されかけていたブランドイメージは，実際に製品やサービスに触れた感覚的な経験，そしてそれらから引き起こされる感情経験によって，よりはっきりと形成される．逆にブランドイメージからポジティブな感情が引き起こされる場合もあるだろう．そのブランドの製品を所有することの満足感などがこれに含まれる．

時空間スレッドについては2種類のエクスペリエンスが考えら

れる．第一は，製品やサービスを使用したときの感覚的な経験が原因となるもので，うっとりするような香りや美しさ，自動車ならハンドリングの滑らかさやアクセルを踏み込んだときの心地よさなどによって時を忘れて運転に没入するといった経験が挙げられる．これらは感情的な評価へとつながる．第二は感情的な経験が原因となるもので，例えば，あこがれのブランドの製品を手に入れた満足感から時を忘れてそれに見とれる，又は同じ製品を愛する人と時を忘れて話す，などの経験が挙げられる．

このように，アフェクティブ・クォリティによって引き起こされる経験は，それが製品やサービスのどのような要因によって起こされるか，あるいは時間・場所によって異なる．そして，製品やサービス自身に限られない，様々な要因によって様々な性質の異なる経験が提供され，それらが次の段階の経験につながる，といった総合的な経験であることがわかる．

5.3 アフェクティブ・クォリティを実現する組織戦略

それでは，5.2節で述べたような総合的・多面的な感情経験を提供するアフェクティブ・クォリティはどのようにして実現したらよいだろうか．5.1節で紹介した各社の事例から読み取れる，アフェクティブな製品やサービスを提供するために組織として取り組むべき課題を総合的にまとめると，図5.7のように書くことができる．本節では，それぞれを振り返りまとめてみる．

108　第5章　アフェクティブ・クォリティをつくり出す

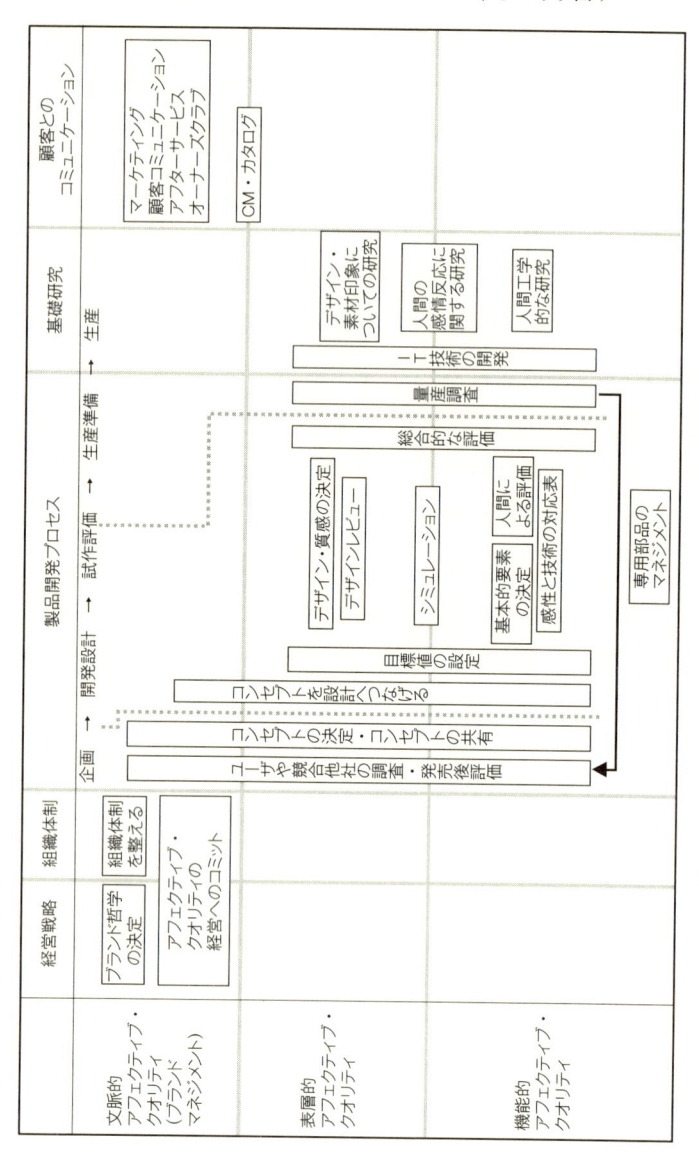

	経営戦略	組織体制	製品開発プロセス 企画 → 開発設計 → 試作評価 → 生産準備 → 生産	基礎研究	顧客との コミュニケーション
文脈的 アフェクティブ・ クォリティ (ブランド マネジメント)	ブランド哲学 の決定 アフェクティブ・ クォリティの 経営へのコミット	組織体制 を整える	ユーザや競合他社の調査・発売後評価 コンセプトの決定・コンセプトの共有 コンセプトを設計へつなげる		マーケティング 顧客コミュニケーション アフターサービス オーナーズクラブ CM・カタログ
表層的 アフェクティブ・ クォリティ			目標値の設定 基本的要素の決定　感性と技術の対応表 デザイン・質感の決定 デザインレビュー シミュレーション 人間による評価 総合的な評価 量産調査 専用部品のマネジメント	デザイン・ 素材印象に ついての研究 人間の 感情反応に 関する研究 人間工学 的な研究	
機能的 アフェクティブ・ クォリティ				IT技術の開発	

図 5.7　アフェクティブ・クォリティのための組織的取組み

5.3.1 組織横断的な体制とコミュニケーション

アフェクティブ・クォリティは単なるデザインではなく，経営戦略，開発・生産，販売，マーケティングなど全組織的な活動の結果として実現される（このことは TQM の考えとも通じるものである）．したがって，アフェクティブ・クォリティという価値観，あるいは「ブランド」のコンセプトを共有して協働する組織づくりが必要である．経営戦略を行う部門と実際に製品を開発する部門が，相互に意見を出し合うことができ，密に連絡を取り合うことができるような組織，さらに，開発プロセスの各段階において一貫性を保つことができるような組織が理想である．経営戦略として決めた事項を正確に開発の現場に伝えることができ，逆に現場の状況や意見を経営がきちんと把握でき，開発プロセスにおける各々の部分が一人歩きをせず，全体を統率できるような組織体制を整えなければならない．また，企業全体でアフェクティブ・クォリティの重要性を認識し，組織全体で取り組むことが必要である．

アフェクティブ・クォリティの多くは感覚的で定量化が難しい要因である．よって，ブランドや製品・サービスのコンセプトを正確に共有するためには，組織横断的なミーティングを行ったり，コンセプトを共有するためのメディアの作成，あるいはリファレンスとなる製品や素材等を用意して感覚情報を共有する，といった工夫が必要である．

5.3.2 ブランドマネジメント

ブランド戦略の一番の目的は，企業とユーザの双方にブランド

の認識を与えることである (楠田, 2007). したがってブランド戦略は，開発プロセスにおいて製品やサービスが提供する感情経験の基準を与えるだけでなく，組織全体のほかの活動でも果たす役割が大きい．そのためにブランド哲学の決定や組織体制を整えること，さらに広告や販売などを通じて顧客とコミュニケーションを図ることなどが必要である．

ブランド哲学とは，そのブランドの得意領域や方向性を定めたものである．これを明確にすることによって，組織全体がブランドの本質を認識し，進むべき方向を確認することができると同時に，ブランドの特性をユーザに訴え，ユーザのブランドの認識へとつながるアピールポイントになる．またブランドは，企業の一方的な戦略ではなく顧客との相互関係で成り立つため，5.3.3項で述べるような顧客コミュニケーションはブランド戦略に中心的な役割を果たす．

ブランドを構築するためには，5.3.1項で述べたような組織づくりが不可欠である．ブランド哲学など経営戦略を行う部門と，実際に開発を行う現場が密なコミュニケーションをとれるような組織体制を整えなければならない．また開発プロセスにおいても，個々の部門が一人歩きをしないよう全体を統一することが，製品全体として統一感をもたせるために必要である．

開発プロセスとブランドマネジメントも密接な関係をもつ．競合他社のベンチマークや発売した製品の顧客による評価は，ブランドの方向性を決定するための重要な情報となる．一方，決められたブランド全体の方向性は個々の製品コンセプトの基準となり，ブラン

ドの方向性から外れていないか,ブランド全体としての方向性を保っているかの監視が必要である.また,ブランドとして達成しなければならない設計の目標値を設定することで,より明確で質の高いブランドが出来上がる.さらにブランド全体で専用部品を用いることも,統一感やコストパフォーマンスの向上につながる.

5.3.3 顧客コミュニケーション

5.2節で触れたように,アフェクティブ・クォリティは実際の製品・サービスだけに実現されるものではなく,期待の段階,すなわち実際に目にしたり触れたりする前に見るコマーシャルやカタログから既に感情経験を提供することができる.したがって,顧客コミュニケーションは文脈的アフェクティブ・クォリティとして重要な役割を果たす.構造化スレッドで理解される理性的,論理的な訴求はもちろん,感覚的,感情的なアピールが重要なことはいうまでもない.さらに店頭でのていねいな接客や店舗のデザインも,よりポジティブな感情経験に貢献する.

さらに,製品購入後の顧客コミュニケーションも重要である.顧客が所有したり使い続けたりすることでより深いポジティブな感情経験を提供するために,ブランドイメージを高めるような戦略を打ち出すことや,オーナー向けのコミュニティを提供するなどの継続的かつていねいなコミュニケーションが考えられる.そして,もちろん顧客からの声がブランド戦略(5.3.2項),新しい製品・サービスのコンセプトづくり(5.3.4項)や評価(5.3.5項)の重要な情報源になることはいうまでもない.

5.3.4 デザイン・設計

企画段階では，顧客のニーズや競合他社の現状の把握，さらに将来どのようなものが求められるかということの調査や予測に基づき，開発する製品・サービスのコンセプトを決定する．特にアフェクティブ・クォリティの場合は，感覚的，感情的な言葉で表されたコンセプトを，開発に参加するチーム全員で徹底的に共有することが必要である．このため5.3.1項で述べたようにセミナーやメディア，リファレンスを活用し，さらにチーム内で積極的にコミュニケーションをとり，統一感のある製品を開発することが必要である．

開発設計・試作評価の段階では，決定したコンセプトのより具体的な面を明らかにし，実際の設計へとつなげる．何を実現するか，価格はどう設定するか，どのような価値を提供するかなどコンセプトの各側面を，どの部分で実現するか，各部門は何を担当するかなど現場レベルに展開し，次にそれぞれの設計の目標値を設定していく．

表層的アフェクティブ・クォリティの目標値は，数値として明確な基準を設定することが難しい．そのための工夫として，競合他社の製品の写真などと比べて相対的に目標を表すことや，製品開発チーム内でのコミュニケーションによって伝えることなどが考えられる．デザインや素材・質感を決定する段階でも感性的なデザインのあいまいな部分や主観的な部分を再現することや伝えることは難しい．そのため，シミュレーション技術を利用してイメージの共有や確認を行ったり，素材の触り心地を比較したり共有することがで

5.3 アフェクティブ・クォリティを実現する組織戦略

きるツールを用いたり，メンバー内のコミュニケーションによってねらいとする感性を伝えるなどの工夫をする必要がある．そして節目ごとにデザインレビューを行い，フィードバック，修正をすることで，目指す形に近づけていくことは機能的アフェクティブ・クォリティと共通である．

一方機能的アフェクティブ・クォリティについては，求められる機能や性能を何によって実現するかは比較的明らかなことが多い．したがって，品質機能展開などを使って各部分の設計の目標値を設定し，使用する部品や各パーツの配置など，基本的要素を決定することが具体的な設計の第1段階である．その後より詳細な調整を繰り返して設定した目標値へと近づけていく．その過程では，基礎研究によって得られたデータやシミュレーション技術の活用に加え，ねらいとする感覚的な目標値やそれによってユーザが受ける印象とその結果としての感情反応，その実現に必要な部品や技術の対応関係を明らかにしたデータを構築することで，より効果的・効率的な設計を行うことができる．

この開発設計・試作評価の段階で検討すべきは，各々のメンバーがもつ設計やデザインについての知識や経験をチームのメンバー全体で共有することである．例えばデザイナーは，長年の経験と学習から感性を表現するためのデザイン技法を身に付けているが，多くの場合デザイナー個人に属する暗黙知となってしまっている．このような個人に内在する多くのノウハウを明示知化し共有することができれば，より効率的なアプローチを行うことができると考えられる．

5.3.5 評 価

 第4章で議論したように,アフェクティブ・クォリティは必ずしも定量的に評価できない難しさがある.したがって開発の各段階で行われる評価では,目標値を達成しているかどうかの評価に工夫が必要である.

 表層的アフェクティブ・クォリティの評価は,数値化が難しいため主観的評価に頼る部分が多くなる.このときも,評価基準をできるだけ明らかにしたスコアカードなどを開発して共通して用いたり,感覚リファレンスを利用したりといった工夫が考えられる.そして表面の仕上げなど,可能なものは客観的な測定手法の開発が望まれる.

 一方機能的アフェクティブ・クォリティには,ある程度数値的な目標設定が可能なものが多い.例えば5.1.1項のマツダの例では,シミュレーション解析などを合わせて90%以上が達成されるといわれている.しかしそれでも,やはり最後の10%は「匠」あるいは「マイスター」などと呼ばれるエキスパートの判断にゆだねられる.このように信頼できる評価者を育て,最終判断を一元化することにより,高度でしかもブレのない完成度を達成することができる.もちろんこのような「匠」の判断を明示知化する努力も必要である.

 開発の最後の段階では,表層的アフェクティブ・クォリティと機能的アフェクティブ・クォリティの総合的な評価が行われる.この段階では,各々の部分の目標達成度よりも全体としてのバランスや統一感の評価が重視される.アフェクティブ・クォリティは,相

対的に評価される性質のものなので，個々の目標値が達成されていても，それらの組合せのよし悪しによって評価が異なる．したがって，表層的，機能的のバランス，両者の統一感を総合的に評価する必要がある．

市場に出された製品に対しては顧客による評価が行われる．店頭で直接意見を聞くことや，購入者から返送されるアンケートなど，顧客の評価を得る機会は多い．また，調査会社に依頼し，ブランドを隠して評価を行うといった取組みも行われている．しかしアフェクティブ・クォリティは，日常の様々なコンテクストで様々な感情経験を提供する．これらを包括的に把握するには，一時的に顧客に集まってもらっての評価では限界がある．この点を理解したうえで，より包括的な顧客による評価の方法も模索する必要がある．

なお，文脈的アフェクティブ・クォリティの評価は現在実践ではほとんどなされていないと考えられる．広告，会員特典等の顧客コミュニケーションの効果の評価はマーケティング分野では行われているが，評価対象は一般的な顧客満足度や商品・ブランドの認知度などで，顧客の得た感情経験にまで踏み込んだものはまだないと思われる．4.1.2項で議論したように，どのような文脈的アフェクティブ・クォリティが顧客の感情経験に影響するかを特定し，それらを評価する方法は，今後取り組むべき課題である．

5.3.6 基礎研究

アフェクティブ・クォリティを発展させるためには，ブランド管理や開発プロセスなどオペレーションレベルの活動のほかに，基礎

的な研究も不可欠である．新しいデザインや素材・質感を生み出す技術に加え，人間の感覚や感情の性質を理解することが重要になる．従来の人間工学や感性工学が行ってきた人間の動作や感じ方の研究に加え，人間の感覚や知覚，それらと感情反応がどのように結びつくかというメカニズムについても一層の研究が望まれる．このためには 4.1.3 項で述べたように感情の観測手法の利用も重要になるだろう．

IT 技術の研究開発も求められる．シミュレーション技術によってデザインを再現したり，素材やその質感を再現したりすることで，試作の回数を減らし，コストや時間の削減が可能となると期待される．

5.4 アフェクティブさとインスティテューション

3.4 節でも触れたように，人間の感情反応は多くの要因の影響を受ける．もちろん見るものや経験することが違えば感情反応は異なるが，たとえ同じものでも環境が違ったり文脈が違ったりすれば感じ方が違ってくる．出勤途中に見る同じ街並みが，必ずしも毎朝同じ感情を呼び起こしてくれるとは限らないのはだれしも実感があるところだろう．

しかし同じ文脈で同じ対象に接しても，人が違えば感じ方は違ってくる．感情反応は必ずしも万人に共通ではない．一番わかりやすい例は国の違いだろう．東京工業大学の学生に「アフェクティブさ」の概念を説明したうえで「あなたにとってアフェクティブなも

5.4 アフェクティブさとインスティテューション

のを挙げてください.」と聞いたことがあるが,そのとき学生諸君が挙げた例には,思い入れのある日用品や自転車,ペット,好きな音楽やアート,思い出の品,自然や景色,そして友人や家族など人を挙げた学生が多いのが印象的だった.

一方,同じ質問をタイの大学でしたことがあるが,このときの学生諸君の内容はかなり傾向が違った.デザインの洒落たエスプレッソマシンなどを挙げた学生もいたが,圧倒的多数が技術的なものを挙げたのである.最新のオートバイやスポーツカーなどは日本人でも車好きの人なら挙げるかもしれないが,スキャナ付きのコンパクトな自動翻訳機や,最新の携帯電話など.「なぜそれらがあなたにとってアフェクティブなのですか?」と尋ねると,「最新の技術を使った製品だから」という答えであった.アフェクティブの概念を説明し損ねたかと思ってよく聞いてみると,先端技術を我が手に納めているということが,たまらなく自分をわくわくさせたり誇りに思わせたりするということらしい.つまり「ハイテクであること」が彼らの感情に訴えかけているのである.

翻って東京工業大学の学生について考えると,自動車やオートバイを挙げた人は,少なくとも調査したサンプルの中ではゼロであった.彼らは技術系の学生のはずだが携帯電話やコンピュータ関係もない.すなわち,日本では「ハイテクであること」は既に,少なくとも感情にアピールする魅力ではなくなっている,ということが見て取れる.

このような個人差をもたらす要因は,国や地域のような大きなものだけでなく,性差や年齢(自分が 60 歳になったときに感じ方が

どう違うか),世代(10年前の60歳代と今の60歳代では同じだろうか),社会的なグループ,文化や宗教,そして道徳的価値観など多くの要因が含まれると考えられる．これらの社会的な大小の集団のことをインスティテューション（institution）と呼ぶことがある．インスティテューションとは,個人が集団を作ったとき,その行動規範や秩序を決める構造や仕組みのことであり,国などの大きなインスティテューションから企業や業界,学校,町内会や家庭のような小さなものまで様々なレベルのインスティテューションが考えられる．そして,これらインスティテューションはそこに含まれる個人の行動パターンや価値観に影響するため,感情の起こり方にも影響することが考えられる．

　上に挙げたような様々な要因が感情に与える影響についての包括的な研究はまだなされていない．実務においては個別の「専門家」（国の例ならその国の文化に詳しい専門家や現地の人・企業など）の経験的知識に基づいて個別の対応がなされているのが実情と考えられる．したがって,製品やサービスの設計でデザインしたアフェクティブ・クォリティについて,どの部分はどの範囲までそのまま有効なのか,どの部分はインスティテューションに固有なのか,注意深く見極める必要がある．基本感情に訴えるクォリティは,人間の生物的なメカニズムに多くを拠っているので,生物的な特徴（性別や年齢など）が似ているグループにはほぼ共通する一方,感動や満足感など高次の感情反応は個人の経験や文化的背景,価値観などに大きく影響されると思われるので,大きなインスティテューション間の差が予想されるが,今後検証研究が必要である．

5.5 アフェクティブ・クォリティの限界
—iPod を首からおろすとき

　最近とあるメーカの開発の方に聞いた話である．その方は，Apple 社の iPod がはやり出したときに，その機能を見てあまり心を動かされなかったそうだ．しかし周りの人は次第にわれもわれもと iPod を首にかけて通勤するようになる．なんでこんなものをみんな好きなのかな？　その方は首をひねりながら周囲の人を眺めていた．

　すると最近，今まで iPod を首にかけていた人が，次々と首からおろしはじめたのに気がついた．ほらやっぱり．たいした製品ではないと思っていたんだ．きっと流行が終わってみんな飽きたんだな．

　アフェクティブ・クォリティの代表選手の感さえあるアップルの iPod が，「はやり」が終わると「飽きられる」のはなぜだろうか．アフェクティブ・クォリティはオールマイティではないのか．本章の最後に，アフェクティブ・クォリティの限界について考えてみたいと思う．

5.5.1 「甘いキャンディもたくさんなめればあきる」

　人間は刺激に対して順応する．つまり同じ刺激を長い時間感じていると，その刺激を感じなくなる．代表的な例は嗅覚だろう．強いにおい（それがよいにおいであろうと悪いにおいであろうと）であっても，そのにおいの中に長い時間いると，次第ににおいを感じなくなる．同じことは視覚や聴覚など他の感覚器でも起こる．

同じことが感情でも起こると考えられる．いかに心地よい感情を味わわせてくれるような製品やサービスでも，同じ感情を続けて感じているとあまりにその感情（体験）に慣れてしまって，もう感じなくなる，あるいはその感情に価値を見いださなくなるのはごく自然なことである．

したがって，製品やサービスで継続して顧客の心をつかんでいくためには，実は常に前回を上回る，あるいは前回と異なる感情（感動）を提案し続けなくてはならないことになる．Apple 社は，本格的にデザインに力を入れ始め 1998 年に発売して大きな成功をおさめたボンダイブルーやキャンディカラーのスケルトン iMac を，まだ売れ続けているうちに 2002 年にはあっさり捨てて新しい白基調，そしてアルミニウムカラーのデザイン路線に次々切り替えていった．もしも Apple 社がいまだにキャンディカラーのスケルトンの製品を作り続けていたら，とっくに世の中から見捨てられていただろう．そしてそのパラダイムに代わる新しい提案をしたコンペティタに，ユーザは乗り換えていたに違いない．

5.5.2 「見かけ倒し」

慶應義塾大学の福田亮子がおもしろい実験をしている（Fukuda, 2008）．デザイン重視，機能重視，質実剛健など，デザインの方向性の異なるいくつかの電卓を用意して被験者に見せ，被験者の感情反応を主観評価と生理指標の両方で測定する．すると，デザイン重視の電卓に対する感情反応は比較的高かった．次に，実際にそれらを使って計算をする課題をやってもらいながら，やはり被験者の感

情反応を測定した．するとデザイン重視の電卓に対する感情が，目立って悪化したのである．

実はこの「デザイン電卓」は，デザイン性を重視するあまり，キーの配置がユニークで普通の電卓と異なっており，またキーの大きさ自体も小さい．要は「使いにくい」のである．つまり，デザインなど初期（「期待」や「接触」）の段階で非常にポジティブな感情反応をユーザにもたせた場合，その後実際に使ってみた段階でユーザビリティが伴っていないなどネガティブな評価があると，その落差から逆に強い嫌悪につながる可能性があることを，この研究結果は示している．

Norman（2004）が示したアレッシのレモン絞り器ジューシーサリフの例のように，もう使わない，ただ所有して飾っておくことに意義があるのだ，と割り切ってしまえる場合はユーザビリティなど関係ない．しかし「実際に使ってなんぼ」の製品の場合は，見た目のデザインなど初期の段階で大きな感情経験をもたらす製品であればあるほど，所有し使い始めてからのエクスペリエンスをきちんと作り込まないと，かえって大きくネガティブな感情をユーザに生み，顧客を逃がすことになりかねない．

5.5.3 「当たり前品質化」

第2章で議論したように，ほんの10年ほど前に他社と差別化する競争力であったユーザビリティは，コンペティタの多くが追随し，それを達成し得なかった者が脱落したために「魅力的品質」から「当たり前品質」になり，競争力を失った．同じことがアフェク

ティブ・クォリティにも起こる可能性はある．

例えばiPhoneのマルチタッチのタッチスクリーンによるインタフェースの操作感は，発売当初はiPhoneの大きな競争力だった．そのインタフェースパラダイムの斬新さに感動し「未来が自分の手のひらの中にある」と評した人もいた．しかし現在，国内外のメーカがこぞって追随し，タッチスクリーンで操作する携帯電話は珍しくなくなった．確かにマルチタッチは特許で保護できるかもしれない．また第1章で述べたような細かい作り込みやこだわりまでは追随できないかもしれない．しかし，これらは広告には現れにくく，店頭でちょっと使っただけではわかりにくいかもしれない．実際に使って初めて経験する価値かもしれない．一方で，消費者は「タッチスクリーン式の携帯電話」を買いにいく．そう考えると，少なくともiPhoneの「タッチスクリーン式のインタフェースの操作感による感動」というアフェクティブ・クォリティはもしかすると既に当たり前品質化しつつあるといえるかもしれない．

また，将来アフェクティブ・クォリティの概念が社会に普遍的に広がり，どのような製品もサービスも何かしらユーザの感情をくすぐるようなデザインや仕掛けがなされ，何かしら感情的な経験を伴うのが普通になったら，「感情経験を引き起こす」こと自体の価値が失われ，アフェクティブ・クォリティは当たり前品質化するかもしれない．そのような時代には，企業は新しい競争力を探さなくてはならない．ユーザから見れば，何を使っても何をしても「心地よい思いをさせてくれる」時代というのはよい時代なのかもしれないが．

/コラム/

アフェクティブ・コミュニケーション

　第5章では電気製品や自動車など形のある製品を例として挙げたため，もしかするとデザインの重要さが強く印象に残ったかもしれない．そこで形をもたないがユーザにアフェクティブな経験を提供するシステムの研究を一つ紹介したい．

　私たちの研究室では，離れた所に住んでいる親子や夫婦，あるいは恋人同士などが心のぬくもりやつながりを感じられるようなコミュニケーションをアフェクティブ・コミュニケーション（affective communication）と呼んでいる．例えば，単身赴任で離れた土地に住んでいるお父さんの家とご家族の家の両方のリビングに，オフィスでよく見るような高精細なビデオ会議システムを導入したら，このご家族は家族の心のつながりを保てて幸せに感じるだろうか？　私たちの大学で下宿をしている学生たちに同じ質問をしたところ，男女を問わず「ちょっと…」という返事が返ってきた．

　コミュニケーション，すなわち情報通信を専門にしている研究者や技術者は，いかに豊富な情報量を高い信頼性で高速に遠隔地に送るかという課題に努力を傾注している．オフィス環境では今後もよりリアルなビデオ会議システムが求められるだろう．しかし家庭で，家族の心を結ぶシステムに求められるコミュニケーションは違うのではないだろうか？　では本当に必要な要素は何だろうか？　それがアフェクティブ・コミュニケーションの研究を通して私たちの研究室が追い求めている問題である．

　2007年に本学大学院生の屋敷田淳子が，アフェクティブ・コミュニケーションの実現例としてClose To Youというシステムを提案した（Yashikida & Umemuro, 2008）．家族と一緒に住んでいると，布団の中で半分眠っていても，廊下を歩くスリッパの足音で誰かが既に起きていることを知ることができるし，料理の匂いに気づくと朝食の時間が近いことを知る．Close To Youはこれを二つの離れた家の間で実

現したのである．例えば向こうの家でカーテンを開ければ，こちらの家で，気がつくか気がつかないかくらいの音量でカーテンを開ける「シャッ」という音が聞こえてくる．向こうで誰かが料理をしていると，こちらの家でもいい匂いが漂ってきたり包丁の音が聞こえたりする．逆に向こうの家の住人がまだベッドの中にいれば，こちらの家のベッドの，自分が寝ている隣の布団にぬくもりを感じられる．

　これらを実現しているセンサやコンピュータは隠してしまうことができる．つまりこのシステムは家の中にあっても目に見えないし，自分で操作する必要もない．ただ普通に日常生活を送っていれば，なんとなく家族の気配を感じることができる．「ああ，今日も元気にやっているな」と．このシステムは視覚に訴える質，デザインによってではなくユーザに心あたたまる感情経験を提供することに成功した一つの例である．

第6章 アフェクティブ・マネジメント

6.1 アフェクティブな経営

 ある我が国のメーカの方と Apple 社の iPod の話をしたときのことである．その会社でもデジタル音楽プレーヤを製造・販売しているが，その方によれば「iPod は自分の会社でも作ることができた」とのこと．

 iPod の魅力はいくつもあって，iTunes との連携による包括的なサービスや，インタフェース設計が実現した満足度の高い操作感もあるが，やはり消費者の立場から見ればその美しいデザインが第一に挙げられるだろう．この美しい工業デザインは，例えばフロントパネルとバックケースの間の，ギャップがほとんどない合わせ目など細かい仕上げに裏打ちされている．

 先の方のお話では，こういうこだわった作り込みは，高度ではあるが自分たちの会社のデザイナーもそれをデザインできるし，もちろん製造部門もそれを量産する生産技術をもっている．ただし，当然のことながらコストがかかる．「問題はそこから」という．このような製品企画を経営会議に提出すると，役員から質問が来る．

 「で，ここをこれだけこだわった作り込みにすると，どれだけ売上げに貢献するの？」

いくら売れるという確信があっても,あるいは丹念にマーケティングを重ねていたとしても,この質問に答えるのは難しい(もっとも,この問題こそがアフェクティブ・クォリティの研究として最も進めなくてはならないテーマ,すなわちアフェクティブさの効果の定量化なのであるが).はったりで説得力のある答えをいえるわけもない.答えに窮すれば,結論は,

「ここまでこだわらなくていいから,コストを安く.」
になる.そして当初製品企画とデザイナーが描いていた物とは「違う」製品が製造ラインに乗ることになる.

では,当のApple社ではどうか.最高経営責任者のSteve Jobsをはじめ経営層が,そのようなデザイン面での作り込みを犠牲にすることを許さないであろう.テレビコマーシャルを見て憧れ,Apple Storeやオンラインショッピングで製品に見とれ,質感の高いパッケージを開けるプロセスにドキドキし,製品を使い始めてさらに,表面的なデザインやスペックに現れないユーザ本位の設計を発見し感動するという,ユーザ・エクスペリエンスすべてを重視する企業である.「たとえコストが多少かかってもこれはこうでなくてはならない.そこのデザインは美しくなくてはならない(なおかつコストを削減する方法を見つけよ).」になるだろう.

この違いは何か.従来の経営判断(少なくとも米国のMBAコースが教えるような)は,コスト,売上げ,損益,効率など客観的なデータに基づいて意思決定をするのが鉄則であった.その意味で,前出の我が国の企業の経営陣は正しい判断をしているといえる.また別のとき,パソコンを製造・販売している我が国のメーカの幹部

の方と話をしたときに、その方はApple社のノートパソコンを見て、「これは魅力的な製品ですが、我が社の製品のラインアップには絶対に乗らないですね.」といわれた.「なぜですか?」と聞くと「例えばヒンジの開閉の耐久性が我が社の基準を満たさないからです.」との理由であった. 1日5回開閉したとして1年で1825回. 3年もたてば買替えを検討する製品で何万回の開閉試験に何の意味があるのかとも思うが、これも別の見方をすれば前出の議論と同じである. すなわち、数値化できて基準を満たしているかどうかがはっきりしている尺度は、しっかりと経営判断に組み込まれている.

しかし近年、このような数値的な指標だけでは判断の根拠として不十分であることに多くの人が気づき始めた. それではその「数値を超えたもの」は何か、どうすれば経営判断の中に取り込むことができるのか. そのような模索の中で、「数値に表れないけれども価値のあるもの」を表現するための一つの概念として「イノベーション」が使われているように見える. 事実先の例のiPodはイノベーションの代表選手のように取りあげられている. しかしイノベーションの概念があいまいであるにもかかわらずはやり言葉のように多用され、だれかが「これはイノベーションだ」といえば水戸黄門の印籠のようにだれも抗することができず、結局最後まで行ってこれは失敗、などというケースが少なからず見られるように思える.

筆者は、先のApple社の例は、アフェクティブさ、すなわち「顧客にどのような感情体験を提供することができるか」という価値観を、経営判断をする際の価値基準の中に入れているか、どのような

優先順位を与えているか,の違いであると考える.すなわち,美や喜びなど顧客の感情に訴える部分の重要さを経営陣がはっきり認識し,高い優先順位をつけ,それを犠牲にすることを許さない.このように従来のコスト,収益,効率など数値で表せる指標に加え,「その意思決定はアフェクティブかどうか」を,経営上の意思決定をする際の一つの価値基準として重視している経営を,「アフェクティブな経営」(affective management) と呼ぶことにする.

「アフェクティブな経営」は,従来の合理的・定量的な指標を無視あるいは軽視して「アフェクティブ最優先」という考え方ではなく,それらと同等に重視することである.しかし実践上の大きな問題は,従来の定量的な尺度と直接比較できるような共通のものさし,定量的な尺度が乏しいことである.先の例のようにアフェクティブさを金銭価値に換算するのは難しい.高級自動車のように他社の先行事例が豊富にあればそこから類推することも可能であろうが,より革新的な製品・サービスになるほど困難になる.Apple社のように「特殊な」企業だけしかできない理想論,で片付けられることなく,「アフェクティブな経営」の考え方が普及するためには,この定量的尺度の研究・開発が急務である.

アフェクティブな経営は,経営トップに限った仕事ではない.企業の理念,方針,戦略が最も効果的に実践されるためには,現場の従業員や中間管理職を含めた全社員にそれらが共有されていることが必要なのはいうまでもない.そして5.3.1項で述べたように,アフェクティブな製品やサービスをつくり出すためには,TQMの基本的考えと同様,全組織を貫いた様々な活動が必要である.もしも

経営トップがアフェクティブさを経営の重要な価値観と位置づけるのであれば，その価値観は組織のすべてのマネジメントに隅々まで行きわたらなければならない．それこそがアフェクティブな経営の本来あるべき姿である．

多くの企業で経営トップの，そして会社組織全体のマネジメントの価値観としてアフェクティブさが広く認識されるようになると，その会社がアフェクティブかどうか，すなわち経営者の資質としてステークホルダーのアフェクティブな面をどの程度考慮することができるか，あるいは企業姿勢としてアフェクティブさをどの程度重視しているかが，経営を，あるいは組織を測る一つの尺度になるようになるかもしれない．

6.2 経営を取り巻く様々な感情

経営者がアフェクティブさを考えるうえで対象として考慮すべきは，顧客に限らない（図 6.1）．顧客，株主，社会，そして従業員，すなわちすべてのステークホルダーに対して，自分たちの経営判断がどのような感情を引き起こすか，彼らにどのような感情的体験を残すべきか，それは他の尺度と比べてどの程度の優先順位をもたせるべきなのか，常に考える必要がある（従業員については 6.3 節以降でさらに詳しく議論する）．

このように書くとたいていの読者の方は気がつかれると思うが，実はこれは決して新しい概念ではない．我が国の多くの優れた経営者は「これをやるとだれはどのようなことを感じるか」，「それでも

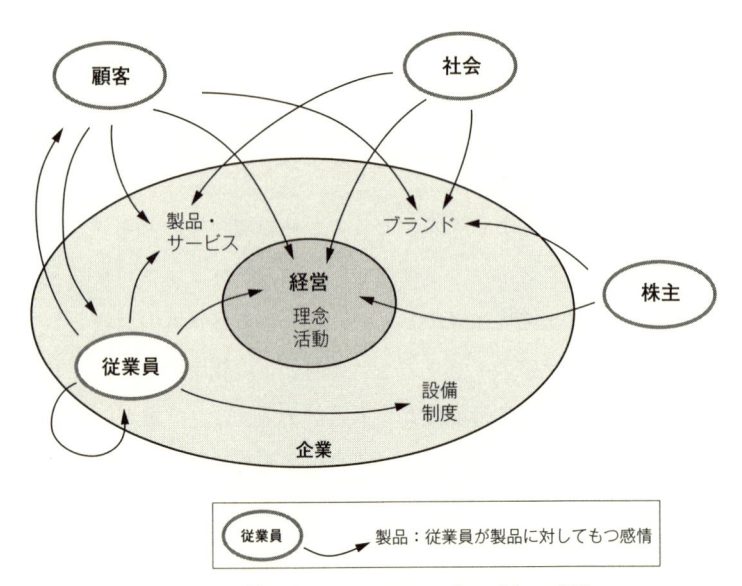

130　　第 6 章　アフェクティブ・マネジメント

図 6.1　様々なステークホルダーがもつ感情

やってよいのか」という経営上の感覚を無意識にあるいは経験的に知っていた．ただそれらは，たいてい経営者の「感覚」あるいは暗黙知として存在していて，だれにでもできるスキルではなかった．本書が訴えたいのは，そのような，だれもが表立っていってこなかった，そのために「合理的」な意思決定の陰に埋もれていたが，しかし確実に日本の経営に存在していた重要な価値基準の復権，あるいはアフェクティブさという名前の明確な市民権を与えよう，ということである．

図 6.1 に示すように，企業の経営をめぐっては多くのステークホルダーが，様々な局面で様々な感情を抱き得る．これは言葉を換えていえば，マネジメントはやはり多くの局面で実に様々な方法で，

これらステークホルダーのもつ感情に対して働きかけるチャンスがあるということでもある．表6.1はこれら可能な働きかけについて，筆者の研究室の中での議論の結果をまとめたものである．もちろんこの表は最終的・絶対的なものではない．これら一つひとつの方策がどの程度有効か，実際にどのように行ったらよいのか，今後

表6.1 ステークホルダーの感情経験に貢献すると考えられる方策

	顧客	株主	社会	従業員
製品・サービス	○	○	○	○
価格	○		△	
ブランドマネジメント	○	○	○	○
マーケティング	○		△	
顧客コミュニケーション	○			
広報・CSR	○	○	○	○
経営理念・方針・戦略	○	○	○	○
経営パフォーマンス		○		○
配当政策・ストックオプション		○		△
ビジネスプロセス	○			○
組織設計		△		○
チーム運営・プロジェクト運営				○
人事・HRM		△	△	○
研修・人材育成				○
従業員のヘルスケア				○
福利厚生				○
給与				○
設備・建物	○	△	△	○
オフィスデザイン（家具・レイアウト）				○

一つひとつ検証していくべきことはたくさんある．

6.3 アフェクティブな組織

6.2 節で述べたようにアフェクティブな経営では，製品やサービスを通じて顧客にどのような感情を生起させることができるかだけでなく，様々な方策を通じてすべてのステークホルダーの感情について考えることが必要となる．その中でこれから顧客と並び最も重要になると思われるのが，従業員の感情についての洞察である．

これまで企業内の事業部・部門・課などの組織運営は，生産性や効率を指標に議論がなされていた．近年の間接部門の知的生産性の議論も，知的資産（暗黙知・明示知）をいかに効率的に生み出し蓄積するかという点で，直接部門のフィジカルな生産性と本質的には同一である．知的生産を定量的・経済的に評価する指標を設定するのが難しいだけであり，高品質のモノを単位時間当たりできるだけ多く生産することを目指すという点で本質的に方向を同じくしている．

その一方で，職場の雰囲気（climate, atmosphere）などは，よいに越したことはないが仕事の生産性に比べれば二の次，という認識が現場では大勢のように思える．和やかだったり会話が弾んだりと，よい雰囲気の職場であるに越したことはないが，それは多分に管理職の人柄に依存して決まるような付加的な事項にすぎず，何よりも評価は数値目標という現場が多いことだろう．そして「オフィスづくり」も動線や視線，スペースなどを工夫し，互いに顔を合わ

せる回数や話合いをもつ回数などインタラクションの機会を増やすことを主眼に議論されてきた．

しかし近年の研究では，感情的な要因が職場の創造性・生産性に関係していることを示す証拠が次々と明らかになっている（例えば Grawitch, & Munz, 2005; Meisiek, & Yao, 2005 など）．このことが広く認知されれば，近い将来に「そこで働く従業員がポジティブな感情をもてるか」が，定量的な生産性・効率とともにその職場を評価する重要な指標となり，管理職はそのような職場の雰囲気を創出し維持することがマネジメント能力として要求されるようになるのはごく自然な流れである．

職場における従業員の感情について考えるとき注意が必要なのは，必ずしも単純に「ポジティブな感情」を目指せばよい，ということではないことである．もちろん，あまりにネガティブな感情を抱くような職場では従業員満足（employee satisfaction; ES）は低く，生産性は低くなり離職率は高くなるだろう．しかしかといって，「幸せ」で「和やか」なばかりの職場では，従業員は幸せかもしれないが仕事にはならない，ということもあり得る．基本感情である「心地よさ」を目指すばかりではなく，従業員が仕事にやりがいを感じて打ち込む中で，同僚や上司から有効なサポートとポジティブな感情を共に得て達成感や自己実現といった高次のポジティブな感情を味わえるように，環境を作りサポートするのが真のアフェクティブな職場のマネジメントかもしれない．

Norman (2004) によれば，機械的なルーチンワークを効率よく行うためには適度なストレスがあるほうがよいので，例えば雑然と

散らかったオフィスなどのほうが環境として適しているという．しかし，何か新しい創造的な発想を求められるときにはリラックスしたポジティブな感情が必要なので，上記のような雑然とした環境は不適切であり，きれいに片付けられた部屋や自然の中，美しい庭園などがよい．このように，仕事の質やフェーズに応じてそこで働く人の感情をきめ細かく考慮し，環境をコントロールすることも，アフェクティブな職場のマネジメントに必要になってくるだろう．

6.4 アフェクティブなサービス

　管理職が従業員のポジティブな感情に特に注意を払いマネジメントを行う必要があるのは，サービス産業である．特に，人が人に対してサービスを提供する場合は，単に人が製品と相対する場合とは大きく異なり，サービスを受ける顧客側も提供する側も人間である．そのため両方に起こる感情を考慮しなくてはならないという点が重要である．

　サービスを提供する側と受ける側，双方がよい気持ちでサービスを始めて，よい気持ちで終わることができれば理想的である．しかし実際には，接客業務を中心にした幅広い職種において，自分の感情とは異なる，業務上必要とされる感情を「演じる」ことを求められることがある．例えば「嫌な」客に対して嫌悪や怒りの感情を抱いたとしても，表面的には友好的な笑顔を絶やさないように求められる職業もある．このような業務を Hochschild (1983) は「感情労働」(emotional labor) と呼んだ．

6.4 アフェクティブなサービス

　このような「感情の切り売り」は，従業員の精神面に大きな負荷をかけることがある．多大なストレスを感じ，それらを自分の中でうまく処理できない場合には「燃え尽き症候群」(burn-out syndrome) など重大な精神疾病を引き起こす場合もある．これらに対処するには，コーピング (coping) などの精神面でのケアとともに，職場でのサポートが何より必要といわれている．羽田 (2008) は，職場でのコミュニケーションや上司との関係など職場の雰囲気やサポートが，従業員が感情労働から影響を受ける程度を決定する重要な要因であることを調査により明らかにした．

　顧客はもちろん，サービス提供者側もよい感情をもてるようなサービスの理想型をアフェクティブなサービス (affective service) と呼ぶこともできるだろう．この理想型を達成するには，どのようなサービスをデザインして顧客にエクスペリエンスを提供すればよいのかだけでなく，提供側はどのように顧客に接しどのようなマネジメントをすれば自分の感情を殺してつらい思いをしなくて済むのか，など多面的な研究や検討が必要である．特に「感情労働」を伴う（あるいは伴う可能性のある）サービス産業においては，従業員の感情についてのきめ細かい配慮がマネジメントに求められる．しかし，このような「感情の切り売り」は何も顧客に対してだけとは限らない．実はこれと同じことは上司や同僚に対してなど，職場組織の中で程度の差こそはあれ普遍的に見られることである．そして全く同じ理由で，従業員の感情に注意を行きわたらせ，きちんと配慮する力が，これからのマネジメントに求められるのである．

あとがき―アフェクティブな社会へ向けて

　第6章で述べたようなアフェクティブな考え方のマネジメントが広く世の中に浸透した新しい時代には，経営者の資質として「その経営者はアフェクティブか」，すなわち「そのとき相手にどのような感情が想起されるかを十分に考慮する能力があるか」というものさしで測られる時代になることでしょう．そして，もちろんその考え方が組織の隅々にまで行きわたるようになれば，そこで働く一人ひとりの能力・スキルとしてもアフェクティブかどうかどうかが問われるようになるのも自然なことと思われます．採用試験や，人事考課でも指標の一つになるかもしれません．

　そのころにはきっと，世の中の一人ひとりが自分のアフェクティブさについて考えることが一般的になっていることでしょう．「他の人が今どんな感情を抱いているのか」「自分のことばや行動は，他の人にどんな感情を与えるのか」「他の人の感情を十分配慮すれば，とるべき行動は何か」といったことを一人ひとりの人が考えるようになる．それは言葉を換えていえば，社会全体に「他の人の感情を考える」「他の人によい感情経験をしてもらう」という考え方が重要な価値観として認知されたということです．私はこのような社会を「アフェクティブな社会」(affective society) と呼びたいと思います．

　ここまでお話をすると「なんだ結局その話か．日本人はそんなことは昔からずっとやってきているじゃないか.」と思われる方も少

なくないと思います。しかし、果たしてそうでしょうか。私は、この数十年の間に世の中が合理主義、成果主義に流れた結果、日本人はこの能力を急速に失っていると考えています。

一つ例を挙げましょう。心理学の教科書によると、人間にはパーソナルスペース（personal space）と呼ばれる空間があります。まっすぐに立ったときに自分の体の横数十センチ、前後方向にそれぞれ1〜2 mの長さのひし形であるといわれています。人間は自分のパーソナルスペースに、親子や恋人のように親密な関係ではない他人が侵入すると緊張します。いわばネガティブなaffectです。これは、別に心理学の教科書など読まなくても自分自身が街を歩いた経験を思い返せば直感的にわかっていただけると思いますし、だれか他の人に頼んで自分の周囲のいろいろな位置に立ってもらえば、自分のパーソナルスペースがおおよそどのくらいの大きさか感覚的にわかります。

他人がパーソナルスペースに入れば不快な緊張を強いられることは、ほとんどだれでも経験的に無意識に知っています。だから人の密度の多いところでは、お互いに接近しすぎないように最低限の距離を確保し、お互いが不愉快な感情をもたないような知恵を人間はもっていました。しかし、今日実際に街を歩いて他人とすれ違ってみると、驚くほど自分の体に近接した空間、ほとんど10 cm、5 cmというところをすれ違う人が多数いてどきっとします。満員電車のように距離のとりようがない状況ではなく、例えばその道は他にだれも歩いていなくて十分な空間が空いていてもこれは起こります。そのようなとき人の行動パターンを観察すると、自分の目的

地（例えば自分が降りる階段口）に向かって最短距離を一直線に歩いていて，その結果たまたま私と軌道が最も近接した距離が10 cmだった，というパターンがほとんどのように見受けられます．この出来事を客観的に見れば，まず衝突して傷害を与えていないのだから合法です．しかも自分は自分の目的地に最短経路を歩いたのだから「合理的」で「効率的」な行動だった，ということになるでしょう．でも一方で，その人とすれ違った私がネガティブなaffectをもったのも事実です．

　歩いてすれ違うくらいならまだよくて，歩道を歩いているときなど不意に背後から全速力の自転車に追い抜かれることがあります．自転車はたいてい大きな音をたてませんし，また高速で接近すれば直前まで気がつきません．それでやはり横10 cm，20 cmくらいを瞬時に追い抜いて行きますから，不快というより恐怖の感情を覚えます．それでも，自転車をこいだ人間はこういうでしょう．接触しなかったのだから合法．しかも高速で帰宅できて，私は「効率的」な通勤ができた．でもこれは，「要求された機能はすべて満たした．法令安全基準もすべて満たしている．だからこの製品は市場に出してよいのだ」といって，それがたとえどんなネガティブな感情経験をユーザに引き起こす製品であろうと平然と売り出すのと，本質的に何も変わらないと思います．

　これが，突然怖い思いをした高齢者が転倒したり心臓発作を起こしたりしたら，初めて「おおごと」になるのでしょう．あるいはそのような「合理主義者」は，そのように歩行者に心理的ストレスをかけ，かつ接触事故の可能性を多少なりとも上昇させることが社会

コストの期待値をどのくらい引き上げ，それがどの程度のリスクや負担となって自分に還元されるのかを「経済価値換算」で示せば納得するかもしれません．しかし，いつの間に我が国の人は，お金の価値に換算しないと，あるいは大事に至らないと，それが「わるいことだ」という判断さえできなくなったのでしょうか．

私はよく学生に「イマジネーションの欠如」という表現を使います．「イマジネーション」とはこの場合自分でない他者の視点に立って考えるということで，他人の視点に転じる能力の低下がこの社会を住みにくくしている，という文脈で学生に語ります．しかしこの本の中でたびたび触れたように，感情は考えるよりも，金勘定のような「合理的」な判断よりもはるかに高速に「よいこと」，「わるいこと」を直感的に我々に教えてくれます．それが社会的動物である私たちにとっての感情の大切な機能であり意義なのです．

「最後に来て説教か？」そんなことを感じてがっかりした方もいらっしゃるかもしれません．でも，他人の感情を正確に予想し，よい感情をもたせようと適切な配慮ができない人に，アフェクティブな製品がつくれると思いますか？

再三繰り返してきましたが，アフェクティブは決して新しい考え方ではありません．日本人が伝統的に受け継いできた「もてなし」，すなわち「相手によい感情をもってもらう」という価値観の復権にすぎません．また米国でも Goleman（1995）が 10 年以上前に既に警鐘を鳴らしていた，しかしその後の市場原理主義，「コスト削減第一」的潮流に埋もれて人々からほとんど省みられなかった問題の再考にすぎません．

何も世の中の人がすべて「気配りの人」になる必要はありません．また，世の中をすべてポジティブな感情で満たそうと主張しているのでもありません．仮にあえてネガティブな感情を起こすのであっても，それが考慮のうえであればよいのです．要は「他の人がどのような感情をもつだろうか」と考えるという価値観，あるいは習慣が社会に普遍的に受け入れられること．そのような社会では，人々は法律で禁止されていなければ，あるいはだれかにとがめられなければ何をしてもよい，あるいは数字に表れることには努力するけど人の心のようにとらえどころのないものは軽視する，というような，過度に単純化された「合理的」行動規範からの脱却が求められるでしょう．しかしそのような社会が人に優しい，ストレスの少ない，住みやすい社会であることはいうまでもないことです．本書で議論してきたことが最終的に目指すところはそんな社会なのです．

参 考 文 献

- Buck, R., Chaudhuri, A., Georgson, M., & Kowta, S. (1995): Conceptualizing and operationalizing affect, reason, and involvement in persuasion: The ARI model and CASC scale, *Advances in Consumer Research*, Vol.22, pp.440–447
- Blythe, M.A., Overbeeke, K., Monk, A.F., Wright, P.C. (Eds., 2004): *Funology: From Usability to Enjoyment*, Dordrecht, the Netherlands, Kluwer
- Carroll, J.M. (2004): Beyond fun, *Interactions*, Vol.11, No.5, pp.38–40
- Chaudhuri, A. (2006): *Emotion and Reason in Consumer Behavior*, Burlington, MA, Elsevier.［恩藏直人，平木いくみ，井上淳子，石田大典訳(2007)：感情マーケティング：感情と理性の消費者行動，千倉書房］
- Csikszentmihalyi, M. (1990): *Flow: The Psychology of Optimal Experience*, New York, Harper & Row
- De Meijer, M. (1989): The contribution of general features of body movement to the attribution of emotions, *Journal of Nonverbal Behavior*, Vol.13, No.4, pp.247–268
- Desmet, P.M.A. (2003): A multilayered model of product emotions, *The Design Journal*, Vol.6, No.2, pp.4–13
- Dunne, A. (2005): *Hertzian Tales*, Cambridge, MA, MIT Press
- Fishwick, P.A. (Eds., 2006): *Aesthetic Computing*, Cambridge, MA, MIT Press
- Fukuda, R. (2008): Change in emotion during use of products, *Proceedings of the 2nd International Conference on Applied Human Factors and Ergonomics,* Las Vegas, NV
- Fulton, J. (1993): Physiology and Design, *American Center for Design Journal*, Vol.7, No.1, pp.7–15
- Gibson, J.J. (1983): *The Senses Considered as Perceptual Systems*, Santa Barbara, CA, Greenwood Press
- Gibson, J.J. (1986): *The Ecological Approach to Visual Perception*, Hillsdale, NJ, Erlbaum

Goleman, D. (1995): *Emotional Intelligence: Why It Can Matter More Than IQ*, New York, NY, Bantam Dell [土屋京子訳(1998)：EQ: こころの知能指数, 講談社]

Grawitch, M.J., & Munz, D.C. (2005): Individual and group affect in problem-solving workgroups. In Hartel, C.E.J., Zerbe, W.J., Ashkanasy, N.M. (Eds.), *Emotions in Organizational Behavior*, pp.119–142. Mahwah, NJ, Erlbaum

Green, W.S., and Jordan, P.W. (Eds., 2002): *Pleasure with Products: Beyond Usability*, New York, NY, Taylor & Francis

Hancock, P.A., Pepe, A.A., and Murphy, L.L. (2005): Hedonomics: The power of positive and pleasurable ergonomics, *Ergonomics in Design*, Vol.13, No.1, pp.8–14

Hochschild, A.R. (1983): *The Managed Heart: Commercialization of Human Feeling*, Berkeley, CA, University of California Press [石川准, 室伏亜希訳(2000)：管理される心：感情が商品になるとき, 世界思想社]

Jordan, P.W. (2000): *Designing Pleasurable Products: An Introduction to the New Human Factors*, London, UK, Taylor and Francis

Kurosu, M., and Kashimura, K. (1995): Apparent usability vs. inherent usability: Experimental analysis on the determinants of the apparent usability, *Conference Companion on Human Factors in Computing Systems*, Denver, CO, pp.292–293

Ljungblad, S., Skog, T., Holmquist, L.E. (2004): From Usable to Enjoyable Information Displays, In Blythe, M.A., Monk, A.F., Overbeek, K., Wright, P.C. (Eds.), *Funology: From Usability to Enjoyment*, Dordrecht, the Netherlands, Kluwer

Maslow, A.H. (1970): *Motivation and Personality* (2nd ed.), New York, Viking

McCarthey, J., and Wright, P. (2004): *Technology as Experience*, Cambridge, MA, MIT Press

Meisiek, S., & Yao, X. (2005): Nonsense makes sense: Humor in social sharing, In Hartel, C.E.J., Zerbe, W.J., Ashkanasy, N.M. (Eds.), *Emotions in Organizational Behavior*, pp.143–165, Mahwah, NJ, Erlbaum

Minsky, M. (2006): *The Emotion Machine: Commonsense Thinking, Artificial Intelligence, and the Future of the Human Mind*, New York, NY, Simon

& Schuster

Montepare, J., Koff, E., Zaitchik, D., Albert, M. (1999): The use of body movements and gestures as cues to emotions in younger and older adults, *Journal of Nonverbal Behavior*, 23, pp.133–152

Nielsen, J. (1993): *Usability Engineering*, San Diego, CA, Moragan Kaufamann［篠原稔和,三好かおる訳(2002)：ユーザビリティエンジニアリング原論：ユーザーのためのインタフェースデザイン,東京電機大学出版局］

Norman, D.A. (1988): *Psychology of Everyday Things*, New York, Basic Books［野島久雄訳(1990)：誰のためのデザイン?—認知科学者のデザイン原論,新曜社］

Norman, D.A. (1998): *The Invisible Computer: Why Good Products Can Fail, the Personal Computer is So Complex, and Information Appliances are the Solution*, Cambridge, MA, MIT Press［岡本明,安村通晃,伊賀聡一郎訳(2000)：パソコンを隠せ,アナログ発想でいこう！—複雑さに別れを告げ,「情報アプライアンス」へ,新曜社］

Norman, D.A. (2004): *Emotional Design: Why We Love (Or Hate) Everyday Things*, New York, NY, Basic Books［岡本明,安村通晃,伊賀聡一郎,上野晶子訳(2004)：エモーショナル・デザイン—微笑を誘うモノたちのために,新曜社］

Picard, R.W. (1997): *Affective Computing*, Cambridge, MA, MIT Press

Solves Pujol, R. (2007): Personal factors influencing people's ICT interaction: A study of engagement, quality of experience, creativity and emotion, 東京工業大学大学院社会理工学研究科修士論文

Tractinsky, N., Katz, A.S., and Ikar, D. (2000): What is beautiful is usable, *Interacting with Computers*, Vol.13, No.2, pp.127–145

Wallbot, H.G. (1998): Body movement, posture and emotion, *European Journal of Social Psychology*, Vol.28, pp.879–896

Yashikida, J., and Umemuro, H. (2008). Close To You: Unobtrusive awareness communication to bring family living far apart closer, *Proceedings of the 6th Conference of the International Society for Gerontechnology*, Pisa, Italy (CD-ROM)

Zhang, P., and Li, N. (2005): The importance of affective quality, *Communications of the ACM*, Vol.48, No.9, pp.105–108

伊勢清貴(2007)：ブランド基点のTQM：レクサスの事例，品質，Vol.37, No.4, pp.20–25

岩井俊雄(2000)：岩井俊雄の仕事と周辺，六耀社

遠藤利彦(2007)：感情の機能を探る，藤田和生(編)，感情科学(pp.3–34)，京都大学学術出版会．

片岡篤(2007)：感性品質の静的車両評価への適用，自動車技術，Vol.61, No.6, pp.23–28

狩野紀昭, 瀬楽信彦, 高橋文夫, 辻新一(1984)：魅力的品質と当たり前品質，品質，Vol.14, No.2, pp.39–48

貴島孝雄(2007)：感性重視の車開発，自動車技術，Vol.61, No.6, pp.50–56

北村英哉, 木村晴, 榊美知子(2006)：感情の研究法，北村英哉, 木村晴(編)，感情研究の新展開(pp.43–64)，ナカニシヤ出版

楠田久(2007)：ブランドと感性，自動車技術，Vol.61, No.6, pp.29–34

東芝グループのデザイン(2007)：Toshiba Life, 327, pp.14–23

中島聡(2008)：おもてなしの経営学，アスキー

長澤伸也(1999)：感性品質と品質管理：人質管理は感性工学を目指す，品質，Vol.29, No.4, pp.6–18

長町三生(1989)：感性工学，海文堂出版

中村明(1993)：感情表現辞典，東京堂出版

中村明(1995)：感覚表現辞典，東京堂出版

仁科健(1994)：「感性と品質」研究会最終報告，品質，Vol.24, No.2, pp.55–59

西山由希子(2008)：感性品質の体系化とその実現のための製品開発アプローチの研究，東京工業大学工学部卒業論文

日経デザイン(2006)：デザインベンチャーの挑戦：プラマイゼロ，日経デザイン，233号(2006年11月号)，pp.100–107

羽田陽子(2008)：感情労働を規定する要因に関する研究，東京工業大学大学院社会理工学研究科修士論文

福田正治(2006)：感じる情動・学ぶ感情：感情学序説，ナカニシヤ出版

藤田和生編(2007)：感情科学，京都大学学術出版会

棟近雅彦, 三輪高志(2000)：感性品質の調査に用いる評定用語選定の指針，品質，Vol.30, No.4, pp.446–458

屋敷田淳子, 梅室博行(2006)：ユーザエクスペリエンスを創出するパッケージデザイン要素，日本人間工学会第47回大会講演集(人間工学，Vol.42, 特別号)，pp.246–247

索　引

【アルファベット】

affect　47
affection　47
ARIモデル　51
EQ　46
ergonomics　34
fMRI　45
hedonomics　34
　——の概念図　35
iPhone　17
Norman　30, 32, 71
perceived quality（PQ）　90
PET　45

【あ行】

「当たり前品質」　26, 121
アフェクティブ　47
　——・クォリティ　53–60
　——・クォリティの限界　119
　——・コミュニケーション　123
　——さ　48, 116
　——な経営　128
　——なサービス　135
　——な組織　132
「一元的品質」　26
イノベーション　127
インスティテューション　118
「おもてなし」　78, 94

【か行】

解釈の段階　82
価値評価の段階　82
感覚的スレッド　80
感情　41, 49
　——科学　46
　——経験　37
　——的スレッド　80
「感性品質」　53, 87
期待の段階　81
機能的アフェクティブ・クォリティ　63, 113, 114
結果系　66
原因系　62, 64
原因—結果モデル　55
構造化スレッド　80
行動主義　43, 44
行動的プロセス　71
行動・表情　68
顧客コミュニケーション　111
顧客の感情を考える　19

【さ行】

「幸せな」感情経験　103
時空間スレッド　80
従業員満足　133
主観評価　69
熟考の段階　82
詳述の段階　83

ステークホルダー　129
生理指標　66
接触の段階　81

【た行】

楽しさや喜び　33
デザイン　99
　——の3段階　99

【な行】

内省的プロセス　72
日産自動車のPQ　90
「日本品質」　26, 38
ニューロマーケティング　46
人間工学　29
認知科学　45
認知主義　43, 44

【は行】

美観　35
表層的アフェクティブ・クォリティ
　62, 112, 114
ブランド　94
　——戦略　110
　——哲学　110
　——マネジメント　110
フロー　33
文脈的アフェクティブ・クォリティ
　63, 111, 115
本能的プロセス　71

【ま行】

マツダのクラフトマンシップ
　89
「魅力的品質」　26
「もてなし」　20

【や行】

ユーザ・エクスペリエンス　79, 105
ユーザビリティ　28
喜び　72

【ら行】

レクサス　19, 93

JSQC選書 6

アフェクティブ・クォリティ
感情経験を提供する商品・サービス

定価:本体 1,500 円(税別)

2009 年 4 月 24 日　　第 1 版第 1 刷発行

監　修　者　社団法人 日本品質管理学会
著　　　者　梅室　博行
発　行　者　島　　弘志
発　行　所　財団法人 日本規格協会
　　　　　　〒107-8440　東京都港区赤坂 4 丁目 1-24
　　　　　　　　　　　　http://www.jsa.or.jp/
　　　　　　　　　　　　振替　00160-2-195146
印　刷　所　日本ハイコム株式会社
製　　　作　有限会社カイ編集舎

© Hiroyuki Umemuro, 2009　　　　　　Printed in Japan
ISBN978-4-542-50456-1

当会発行図書,海外規格のお求めは,下記をご利用ください.
　出版サービス第一課:(03)3583-8002
　書店販売:(03)3583-8041　　注文 FAX:(03)3583-0462
　JSA Web Store:http://www.webstore.jsa.or.jp/
編集に関するお問合せは,下記をご利用ください.
　編集第一課:(03)3583-8007　　FAX:(03)3582-3372
●本書及び当会発行図書に関するご感想・ご意見・ご要望等を,
　氏名・年齢・住所・連絡先を明記の上,下記へお寄せください.
　　e-mail:dokusya@jsa.or.jp　　FAX:(03)3582-3372
　(個人情報の取り扱いについては,当会の個人情報保護方針によります.)

JSQC選書

JSQC（日本品質管理学会）監修
各巻 定価 1,575 円（本体 1,500 円）

---

① **Q-Japan**
－よみがえれ，品質立国日本

飯塚悦功 著

---

② **日常管理の基本と実践**
－日常やるべきことをきっちり実施する

久保田洋志 著

---

③ **質を第一とする人材育成**
－人の質，どう保証する

岩崎日出男 編著

JSA 日本規格協会　http://www.jsa.or.jp/

JSQC選書

JSQC(日本品質管理学会) 監修
各巻 定価1,575円(本体1,500円)

---

④ **トラブル未然防止のための知識の構造化**
－SSMによる設計・計画の質を高める
知識マネジメント

田村泰彦 著

---

⑤ **我が国文化と品質**
－精緻さにこだわる不確実性回避文化
の功罪

圓川隆夫 著

---

⑥ **アフェクティブ・クォリティ**
－感情経験を提供する商品・サービス

梅室博行 著

日本規格協会　http://www.jsa.or.jp/